ＡＩ新時代を生き抜く
コミュニケーション術

誰でもわかる！
エッセンシャル・コミュニケーション・メソッド

大村亮介［編著］

日本地域社会研究所

コミュニティ・ブックス

■はじめに■

本書は、特に営業、接客、電話応対などの販売職、新規営業をしているビジネスパーソン、販売職の部下をもつ管理職の方々に読んでほしいという想いで書きました。

電話応対は、架電、受電と職種や役割が異なりますが、電話の向こう側には常に相手がいます。営業も同様に、新規開拓、既存営業、ルート販売など、商品やサービスによって販売手法は異なりますが、必ず営業対象となる相手がいます。接客もそうです。どのような職種にも来店する相手がいます。

その相手には、コミュニケーションの取りやすい得意なタイプと、コミュニケーションの取りにくい苦手なタイプがいると思います。無口で物静かで、こちらが話をしないとすぐに沈黙になってしまうタイプもいれば、話し好きで雑談が多く、なかなか本題にたどり着けないタイプなど、人によって反応はさまざまです。

どのようなタイプを相手にしても、相手の特徴に合わせて、相手が好む対応ができれば、おそらく苦手だと感じるタイプはなくなると思います。苦手なタイプがなくなれば、今よりもさらに売上は伸びるのではないでしょうか。

販売経験が豊富だと、数分のコミュニケーションで、相手がどのようなタイプだから、どのように接すればよいか、最適な対応方法を瞬時に判断できるため、そのタイプに合わせた最適な対応ができます。しかし、ほとんどのトークスクリプトやマニュアルには、コミュニケーションスタイル別のアプローチ方法、提案方法、クロージング方法などは書かれていません。販売経験の豊富な人から指導をしてもらう必要があります。

これがマニュアルとして共有されていれば、入社して間もない新人営業も、販売経験のない中途社員も、コミュニケーションが少し苦手なビジネスマンも、早期に戦力化できるのではないでしょうか。

実は、人それぞれのコミュニケーションスタイルには、いくつかのタイプがあります。そのタイプに合わせた対応を心がけることによって、どのようなタイプとも円滑なコミュニケーションを図ることが可能になります。つまり、苦手なタイプがなくなる可能性が高くなります。これは販売に限ったことではなく、社内の人間関係の構築も同様です。また、部下の育成にも役に立ちます。部下それぞれに合った動機づけ、フィードバック、提案、指導などにより、部下の成長意欲を格段に早めることも可能となります。

私はこれまでに、ＩＴ系のベンチャー企業に約8年半勤務し、独立起業して約8年半、その後、経営不振によって経営から離れた時期もあり、そのときに一部上場企業に再就職し3年勤務しました。そこでは、ジョイントベンチャーの立ち上げや、新設事業部の拡大などに携わる機会をいただきました。そして、２０１９年にまた再起を図るために独立をしました。

これまでの経験で、相手のコミュニケーションスタイルに合わせた対応をし、相手と「正しいコミュニケーション」をとることによって、自身の営業活動も、組織運営も、部下育成も、一定以上の成果を出してきました。

90年代後半のバブル崩壊後、終身雇用や年功序列という文化から、ＩＴバブルが始まり、２０００年には実力主義（成果主義）という文化に変化しました。目標売上や個人ノルマを達成し続ける、という目に見えてわかりやすい「結果」を出し続けることによって、給与も役職もどんどん上がっていく。20代半ばでも年収１０００万は夢ではない。というような「数字をつくれる人が優遇される」という文化が定着していきました。

その当時を象徴するような映画がありました。ジョバンニ・リビージとベン・アフレック主演の「マネーゲーム 株価大暴落」です。映画自体の内容は何ともいえませんが、見るたびにベンチャー企業の入社当時を思い出し、懐かしい気持ちになります。

これから先、ＡＩ（人工知能）の飛躍的な進歩により、さらに大きな変化が訪れることが予測できます。また、それに合わせるかのように、生活環境の変化、価値観の多様化、会社組織のあるべき姿の変容など、ますます社会全体が大きく変化し、その変化も加速していきます。

最近の若者（ゆとり世代）は扱いにくい、動機づけが難しい、すぐに辞める、などなど、管理職や人事部のネガティヴな声を耳にすることが増えました。

確かに、ひと昔前と比較すると、若手社員との関わり方が大きく変化したようにも感じます。社会の変化に合わせて、今までにはなかった「時代に合わせたマネージメント」を心がける必要があると感じています。

私は本書を通じて、「正しいコミュニケーション」を実行するきっかけをつくることで、これからの「変化の激しい社会」でも活躍のできる、今の時代に合わせたマネージメントにより、優秀な人材を育成することのできる、そして、楽しく充実した生活を送ることができる「心の豊かな人」を増やしていきたいと考えています。

目次

第三章

第一章

■経験の蓄積に費やした20年■

ベンチャー企業への就職

「営業マンが会社を育てる」の言葉に心しびれた新人時代

初めて就職したＩＴ系のベンチャー企業。入社しようと思ったきっかけは単純で、当時の求人誌に掲載されていた社風、雇用条件、人事制度に目を引かれたのが理由でした。

バブル崩壊後、90年代後半から「実力主義」という言葉を目にする機会が増えました。結果を出した分だけ給与や役職などの待遇面に反映される、という文化ですが、そのＩＴ系のベンチャー企業の求人広告は、まさにそのイメージでした。

「インターネット広告営業」「営業未経験大歓迎」「完全実力主義」「ノルマは一切なし」「ボーナス年4回」「昇格昇給随時」「残業はほぼなし」「社員旅行は年2回・昨年の実績は海外」「皆が助け合う笑顔のあふれる職場です」というようなことが書かれていたのを、今でも覚えています。

実際はというと、早朝から夜中までテレアポ。自分の所属するチームのその日の売上があがっていないと、さらに明け方まで飛び込み営業。もちろん個人ノルマは非常に厳しく、割り振られた毎日の目標を下回る場合は、激しい叱咤（罵声）が待っていました。

規律も厳しく、1分でも遅刻しようものなら、上司からの愛のムチ（打撃）は当然で、見ているだけで具合が悪くなるほどでした。誰もがそんな目にあいたくないので、「助け合いの精神」どころか「他人を蹴落としてでも、いかに自分が達成するか？」という文化でした。当然ですが社員旅行などあるわけがありません。

求人広告とのギャップの大きさに驚きを隠せない同期社員16名のうち、入社翌日に5名が音信不通になりました。そして半年もすると私の同期社員は2名になっていました。

このような職場環境でしたが、当時の私は初めての就職だったため、どの会社も同じようなものだと思い込んでおりました。また、極度の面倒くさがり屋だったこともあり、いまさら再就職も面倒なので、まず半年くらいは頑張ってみよう、と最低限の目標を定めました。

入社直後は業務部、通信機器販売事業部、ソリューション事業部の部長、私たちの配属予定のソリューション事業の課長が、交代で研修をしてくれました。各部署のビジョンについて、人事制度（とくに昇降格、歩合制度）について、インターネットについて、ホームページを制作する目的と活用事例、テレアポや営業の方法とロールプレイングなど、営業マンとしての心構えから具体的な販売手法まで教えてもらいました。

印象深かったのは、ソリューション事業部の課長は平均すると23歳くらいと非常に若かったこと、前職が大工、トラック運転手、ホストなど、当時インターネットとは無縁の職種であったこと、試行錯誤を繰り返し、自分自身にあう営業スタイルを身につけ、常に結果を出してきたのだということ、課長それぞれの営業スタイルが違うためか、営業マンとしての心構え、テレアポ・営業手法について、全員がまったく違うことを言っていることでした。

4名の課長が、それぞれ全然違うことを言うので、誰の意見を尊重すべきなのか、まったくわからなくなり混乱しましたが、唯一、口をそろえて言っていたことがありました。

それは、「営業マンはノルマを達成してこそ存在価値を示すことができる。営業マンがそれぞれ与えられたノルマを達成し、売上・利益を作ることで会社が成長する。会社が成長すれば、従業員も増えるし、サービスも良くなっていく。そして結果がダイレクトに給与や歩合に反映されるので、会社にいたければ結果を出し続ければいいし、達成できないのであればスグに辞めたほうがいい」ということ。

また、「これから会社を大きくさせてIPO（株式上場）させることで、自社株で一生分の金を稼ぐ。ダラダラと歳を取るまでサラリーマンなどやってられるか！」というようなことも言っていました。

当時の私はそれを聞いて鳥肌が立ちました。「なんかカッコいい。私もそんなこと言ってみたいし、どうせ働くならたくさんお金を稼いでみたい」と思い、単純なもので、その影響を強く受けてしまい、少なくともIPOする（目標とされる3年後）までは頑張ってみよう、と覚悟を決めたのでした。

一生懸命頑張ったからこそ気づいた営業職の醍醐味

その直後に私たちは4つの課に振り分けられて配属されました。

私の直属の上司は当時20歳で私と同い年。事業部内でも常にトップを取るような営業成績でした。とにかく気性が荒く、契約を取って機嫌のよいときはいいのですが、チームの数字が上がっていない日は大荒れでした。決して打撃はないのですが、とにかく激しい叱咤を受けるため、良くも悪くも近寄りがたい存在でした。

そして、入社3カ月もすると、3人いた私の先輩は全員姿を消してしまい、その上司と2人になってしまいました。毎日、極度の緊張感の中で仕事をしていたこともありますが、突然、先輩3名がノルマを残して飛んでしまい、先が見えなくなった瞬間に、私の心はポッキリ折れてしまいました。

翌日、私は朝から仮病を使い、会社に休むという連絡を入れました。布団の中で、会社を辞める理由を考えていると、その上司から電話がかかってきました。

おそるおそる電話に出てみると、「てめぇ何やってんだよ！　高校生のガキじゃねーんだから具合悪いだけで会社休んでんじゃねーよ。このくそ野郎！　とにかく今すぐ来い！　来なきゃぶっ殺すぞ!!」と一方的に電話を切られてしまいました。

その後、何度もかけ直しましたが電話に出てくれないので仕方なく、出社することにしました。出社するとその上司は、人が変わったように「体調は大丈夫か？　具合悪いのに呼び出してごめんな。何か困ったことがあれば俺に相談しろよ。とにかく応援してやるから、もう少し頑張ろうぜ」と、予想外の言葉をかけてくれました。

あの非情な上司に温かみがあったことにも驚きましたが、入社間もない私に対して、嘘をついて休もうとした私に対して、本気で向き合ってくれたことが、当時の私にはとても嬉しくて、同時に、上司に対して申し訳ない気持ちになりました。

その出来事から、不思議なことに私の中での甘えが吹き飛びました。

次の日からは、朝早めに出社し、上司にテレアポや営業のロールプレイングをお願いしたり、予定が合うときは極力、同行営業をしてもらったりと、自分の営業力向上のために、いろいろ協力をしてもらいました。

通常はテレアポでアポイントを3件取得したら、そのうち1件を自分で営業に回れる、というルールがあったのですが、私の先輩は全員いなくなってしまったのと、私の上司は特別で選任のテレアポ部隊がついていたので、私の取得したアポイントはすべて自分で回ることができました。

そのため、同期入社はもちろん、多くの先輩社員よりもたくさんのアポイントを回ることができ、その結果、周囲より多くの営業経験を積むことができました。

当然ですが、ホームページを制作したいという「今すぐニーズ」の高いアポイントは、契約に結びつきやすく、受注率も高いのですが、そんなに数多くのアポイントは取れません。重要なのは、今すぐのニーズはなくても、導入するメリットのある企業や、潜在的なニーズやメリットのある業界に対して、どれだけ「気づき」を与えることができるか。これがとても重要になってきます。

当時は今のように、どの職種の企業もホームページを開設していて当たり前、の時代ではなく、ホームページって役に立つの？　インターネットで買い物なんてする？　というレベルでした。そのため、ホームページを具体的にどのように活用すると、どのようなメリットがあるのかをイメージさせることが非常に重要でした。

サロンや飲食店などは、目的が「集客」なので比較的に提案しやすく、競合他社の多くの営業マンがこぞってアプローチしているために市場が荒れており、訪問のアポイントを取ること自体が難しかったので、私は他の営業マンがアプローチしていない、メーカーや生産者に目を向けました。

例えば、宝飾品を製造する企業へは、商品を店舗に卸すだけではなく、今後はネット限定商品（ブランド）を作成して販売することによる販路拡大、そのために雑誌モデルや芸能人にイメージキャラクターを務めてもらったり、コラボで新しくブランドをつくったりと、商品企画そのものを提案するなどしました。

また、お米屋さんに対しては、10分で作れるお弁当のおかずレシピ、炒飯や炊込みご飯に合うお米の品種の紹介をする等、ユーザーに対して有益な情報を継続して提供し、閲覧するユーザー数やアクセス数を増やすことによって、段階的に販売につなげる、などです。

地方であれば、近隣の酒蔵や農家とコラボすることで、お酒やおつまみ、レシピで紹介している材料をパッケージで販売するなどの提案もしました。

その後、ネット販売が浸透し始めたころには、梱包資材を取り扱う企業に対して、ネット販売を目的とした企業に対して、梱包資材を売るように提案をするなどしました。

このように、ホームページの活用についてまったく知識もニーズもない企業に対しても、ホームページを活用する具体的な方法やメリットをお伝えし、相手に気づきを与えることによって、とても喜ばれましたし、当然、たくさんの受注につながりました。

このようにして、他の営業マンとは異なる職種、業界にアプローチすることによって、受注件数を順調に伸ばし、月の個人ノルマを達成させることができました。

初めて自分のノルマを達成することができたときは、お客様先を出た瞬間に鳥肌が立ちました。恥ずかしいことに、自然とガッツポーズも出ていました。

しかし、何よりうれしかったことは、上司が大喜びしてくれたことです。

電話でその案件を受注したことを告げた瞬間に、「やったなぁー！　お前！　これで達成だな‼　さすがだよ！　サイコーだよ！　早く帰ってこい。飲み行こう！　お祝いしようぜ！」と、想像以上に喜んでくれました。

この体験が私の人生に大きな影響を与えました。

努力は裏切らない。一生懸命に努力すれば、いつか必ず結果はついてくる。自分の仕事への姿勢や取り組み次第で結果は大きく変化する、と強く感じました。

努力してノルマを達成した！　という達成感や喜び以上に、上司をはじめ周囲のメンバーが自分のことのように喜んでくれることこそが、当時の自分にとって一番の報酬だったと思います。

営業マンとしての経験値を共有するということ

一度でも、このような成功体験をしてしまうとクセになります。

上司に褒めてもらいたい、ライバルに勝ちたい、歩合をもらいたい、達成感を味わいたい、など、感じるポイントは人によってさまざまですが、一度、このような成功体験をしてしまうと、また、それを求めてしまいます。そして、それを繰り返すうちに、次第にそれが当たり前のようになってきます。

「成功体験」をきっかけに、それを繰り返すことで人は成長し、ひとつ上のステージに行きます。ステージが上がれば、見えるものが変化し視野が広がります。そして自然と、今の自分に必要なものが見えてくる。自ら努力を止めなければ、人はどんどん成長していくのだと学びました。

それからは、上司や先輩からの激しい叱咤も徐々に減り、達成と未達成を繰り返しながら、順調とはいえないまでも、半年で主任、1年で課長代理と昇格していきました。昇格すると当然ですが部下を持つことになります。主任のときは2〜3人、課長代理のときは5〜7人くらいでした。

その当時、私は20歳と会社内でも2番目に若かったので、後輩や部下は全員年上でした。実力主義という風土だったため、あまり年齢を気にする人がいませんでしたが、中には年下だからというだけの理由で見下す人、年下の言うことは聞きたくないと反発する人、嫌がらせをする人も少なからず存在しました。

私を含めて課長代理が6名おり、その上の課長の席が2つ空いていたので、皆、そのポストを狙って切磋琢磨していました。良きライバルとしてお互いを鼓舞し合う関係の人もいましたが、中には私の足を引っ張ることで蹴落とし、その昇進争いから除外しようとする人もいました。

2002年の春ごろ 新宿ＮＳビルのオフィスにて

一番衝撃だったのは、私の組織で主任を務めていた部下が、熱いアポ（ホームページニーズの高いアポイント）を私には共有せず、他のチームに横流ししていたことです。どうやら私をライバル視していた他のチームの課長代理が、質のよいアポイントを私の部下から買い取っていたようですが、会社としては誰が受注しようが会社の数字には変わりないので、私は何を言うわけでもなく、足りない数字は自分で何とかしました。

このように、先輩や上司からの激しい叱咤・打撃、足の引っ張り合い、部下からの嫌がらせ、顧客からのクレーム、過度のストレスによる睡眠障害、心の病気など、思い出してみるといろいろなことがありました。ときには心が壊れそうになるくらいになったこともありましたが、がむしゃらに頑張っている新卒社員、実力主義に戸惑いながらも必死に前を向いて走り続ける部下、会社の体制や組織を少しでも良くしようと上を目指す同僚、などなど、同じような志を持った社員も増えていったこともあり、とにかく前を向いて毎日必死に頑張りました。

このころにはテレアポや営業のトークスクリプト、営業マニュアル、提案書などの営業ツールも整備されてきました。トークスクリプトやマニュアルに沿って営業活動することによって、営業未経験者や、インターネット商材に関する知識がなくても、ある一定の成果を出しやすくなった結果、新人の育成に携わる時間を大きく短縮できるようになりました。

しかし、弊害もありました。これらの営業ツールに頼ることによって、マニュアルどおりに説明しようと必死になるため、臨機応変な対応ができない営業マンが増えてしまったのです。そのためか、相手先の担当者の性格やタイプによって、嫌われてしまう、いくらよい提案をしようにも失注してしまう、というように、受注や失注が相手のタイプに左右される場合が増えてしまいました。

相手の対応に左右されていては、こちらとしても困ってしまいます。そのため、従来の営業マニュアルに加えて、タイプ別の対応方法を追加することにしました。

例えば、理論・分析タイプに対しては、必ず提案した内容の根拠となる資料やそれに関する統計データなどを提示するなどし、クロージングするときは、あまり押しすぎないように心がけます。

直感・直情タイプに対しては、訪問してスグに営業に入るのではなく、まずは世間話や直近のニュースに関する話題などで距離を縮めること、比較的オーバーなリアクションを心がけて相手の懐に入り込み、クロージングするときは、仮にお断りされても挫けず、こちらから頻繁に連絡を取ることで、最終的に受注につなげやすくなる、というように具体的な方法をまとめて部下に配布し、必要であれば同行営業をして、目の前で実践しました。

これによって私の管下の営業マンたちは、継続して平均以上の受注件数をたたき出すことに成功しました。

それからしばらくすると、売上至上主義が功を奏したのか、圧倒的な営業力と活動量により、会社の売上もどんどん伸びていき、数年後にはジャスダックへの株式上場を果たしていました。紆余曲折ありましたが、役職者に昇進し、新事業部の立ち上げ、地方拠点の立ち上げ・拡大、売上低迷事業部の再生、人事部での新卒採用、人材開発室の立ち上げ、研修コンテンツの作成および研修の実施などなど、さまざまな経験をさせてもらうこととなり、結果的に8年半もお世話になりました。

これらの経験から、自分自身が頑張れば、結果は必ずついてくる。他人を信じても裏切られたり、足を引っ張られたり、期待するだけがっかりする。信じられるのは自分だけ。自分の力だけを信じて生きてみよう、と、２００８年12月、28歳のときに勢いで独立起業しました。

余談にはなりますが、このベンチャー企業には、向上心が高く、努力を惜しまない、チャレンジ精神が旺盛で、良くも悪くもプライドが高く、負けず嫌いな人がたくさんいました。

その影響でしょうか、ある程度の役職まで上り詰めたあとは、独立起業する人がたくさんいました。私の先輩や後輩など、身近な人たちだけでも30人を超えます。

その中でも2名は別格で、自身で起業してから1年半くらいでジャスダックに上場させた社長や、友人が起こした企業に入り、数年のうちに社長まで上り詰め、マザーズに上場させた社長もいます。

今思えば、いろんな意味で、すごく勉強になる環境だったと思います。私にとっては会社というよりも「部活」という表現のほうがしっくりきますが、今の私があるのも、このベンチャー企業でも経験のおかげだと、あらためて感謝の気持ちでいっぱいになりました。

リーマンショック直後の起業

過信が生んだ失敗

起業後は人材開発室で経験した人材育成を主軸に事業展開しようと決めたのですが、当時はリーマンショック直後ということもあり、人材育成にお金を回す余裕のある企業は少なく、また、28歳の若造に研修を依頼する企業などほとんどなく、早くも起業直後に路頭に迷うこととなりました。

当時、お世話になっていた社長に相談した結果、世の中が不景気なのであれば、モノを売るのではなく買い取るビジネスにすればいいのでは、という助言と、その買取事業で成功している事例を教えてもらいました。

私は、さっそく、翌日からリサイクルショップに入店し、1か月間勉強しました。その店舗はマニュアルも整備されていたこともあり、1か月間で、貴金属やブランド品の鑑定ができるようになったので、お世話になっていた社長から出資をしてもらい、自分のお店を立ち上げました。

それからしばらくは順調に売上を伸ばしていたのですが、その買取専門店だけではなく、ネイルサロン事業やネイルスクールの運営、そして貿易事業などにも手をつけた結果、見事に大失敗、大きな負債を抱えてしまいました。自分の力を過信していたのもありますが、「何か大きなことを成し遂げたい。そのために儲かることは何でもやろう」と、いつの間にか気づかない間に迷走していました。

このときに、いくら背伸びをしたところで、自分の実力以上のことはできないし、自分の力量を見誤ることが、どんなに愚かなことかということを学びました。身の丈にあった経営、という言葉をかみしめたのでした。

人と人がつないでくれた仕事「さいたま婚活２０１６」

その一方で、このころから少しずつではありますが、本来やりたかった「研修」の仕事をもらえるようにもなってきました。

最初は大手企業の新入社員研修でした。思いのほか受講者の反応も良く、毎年コンスタントに新入社員研修、新入社員のフォローアップ研修、と依頼をいただきました。

それ以外にも、研修で知り合った講師仲間から、営業力強化研修の講師を募集していると声をかけてもらい、営業職向けの研修や、アパレルなどの接客販売職向けの研修をすることが増えていきました。

経営者仲間からも紹介してもらい、商工会議所や青年会議所の例会などでセミナーをする機会をもらったり、結婚相談所と提携して、婚活者のコミュニケーショントレーニングをさせていただいたり、自分自身でも会場を借りてセミナーを実施しました。

その甲斐もあり、さいたま商工会議所青年部のメンバーよりお声がけをいただき、さいたま市で年1回実施する婚活イベントをお手伝いすることになりました。

このイベントはさいたま市に在勤か在住する人が対象で、毎年1回、男性150名、女性150名、合計300名の婚活者が集まるイベントで、地元企業が多数協賛しておりました。

打ち合わせを重ねるにつれ、「大勢の皆さんに参加していただくのだから、カップル成立はもちろんのこと、ぜひ、結婚に至るまでサポートしたい」という運営側の強い想いを感じ始めました。

お手伝いをさせていただくのであれば、どうせなら参加者だけではなく運営側、それに関わるすべての関係者も含めて、数多くの人に喜ん

主催のさいたま商工会議所青年部の皆さん

男性向けのコミュニケーション講習の様子

でほしいと思いました。そのためには結果が重要だと思い、カップルを最低でも20組は成立させよう、という目標を掲げました。

当然ですが、私だけでは難しいので、その当時仲良くしていただいていた、婚活に相性占いを取り入れたイベントを行なっている占い師さん、イキトレという「女性をキレイに」「健康な身体づくりを」を目的としたメソッドを開発した女性講師と一緒に、そのイベントを成功に導くために知恵を振り絞りました。

そして、今回は、ただイベントに参加してもらうのではなく、事前に男女それぞれ集まってもらい、「意識改革」と「トレーニング」を実施し、今の自分の魅力を最大限に引き出すことによるカップル成立率の向上、そしてイベント当日には、会場で気になった相手との「相性占い」と「相手と一緒に幸せになるためにはどうすべきか？」のアドバイスをすることによる成

女性向けに実施した「イキトレ」の様子

婚率の向上を目指しました。

どのような内容かというと、婚活イベントの約1週間前に、男女に分かれて約90分間、講義とトレーニングを受けてもらいました。男女共通するのが「幸せな結婚生活とは何なのか?」「そのために今すべきことは何か?」「せっかくの出会い（チャンス）をつかむためのコツ」などの講義を約60分。残りの約30分は男女それぞれ別々のトレーニングを実施しました。

女性に対しては、魅力を引き出すためのトレーニング（イキトレ）とコミュニケーショントレーニング。男性に対しては、自己紹介から序盤の会話トレーニングと傾聴トレーニングを実施しました。

そして男女それぞれ、本番当日までの1週間で何を準備すべきか。やることリストと、本番

占いブースでカップルを待つ占い師さん

までに何を身につけるべきか。スキルチェックリストを渡して、本番までに仕上げてくるよう促しました。

婚活イベント当日は、仲良くなった相手を連れて「占いブース」に行くことで、お互いの相性だけではなく、それぞれの性格、思考傾向、接する際のポイント、一緒に生活する際に気をつけるべきこと、発生するであろう問題、その問題の解決策などをアドバイスすることで、お互いにどのように向き合うべきか、どのように接すればお互いが幸せだと感じることができるか、というように、今後一緒に生活を共にするイメージを持ってもらえるようサポートしました。

その結果、なんと40組を超える数のカップルが誕生しました。僕たちも運営側も想像をはるかに上回る数に驚き、大喜びしました。もはや大成功と言っても過言ではありません。その後、

1年間で3組、さらにその後に2組、合計5組のカップルが見事にご成婚されたと聞いて、自分のことのように喜んだのを今でも覚えています。

翌年も婚活イベントのサポートをご依頼いただきまして、講義とトレーニングを実施した結果、同様の結果を出すことができました。

後日、一部の参加者から直接ご連絡をいただきました。残念ながら成婚まで至らなかったものの、初めて交際を経験したこと、講義の内容（とくにコミュニケーション方法）を意識したところ、会社での人間関係も良好になったと、お喜びの声をいただきました。

また別の参加者からは、ヒアリングに重きをおくことによって、営業成績が徐々に伸びたという声もいただきました。

このことから、基本となる「考え方」と、「正しいコミュニケーション方法」を意識すること、そして変化させようと行動に移すことによって、そのときには予想もしなかったような成長や、成長による環境の変化を促し、自分の理想とする生活環境が手に入るのだと、あらためて学びました。

自己破産か？　再就職か？

そしてその翌年、私にとって大きな転機が訪れました。

前述したとおり、ネイルサロン事業やネイルスクールの運営、そして貿易事業などの負債のため、会社の運営がままならなくなってしまったのです。当然ですが、自分自身の生活もままならなくなりました。打ち合わせの合間に喫茶店に入るかどうか、牛丼に味噌汁をつけるかどうか、数百円の支出すらも躊躇するような生活が続きました。

かなり精神的に追い込まれていたせいか、人と会うことすら避けるようになり、「もうすべてを投げ出してしまおう」と、本気で思うようになりました。

しかし、たまたま相談した人たちが、口をそろえて「後悔するから、絶対に自己破産だけはやめたほうがいい」と言ってくれたこともあり、なんとか踏みとどまりました。

また、決して裕福な暮らしではない両親の経済的な支えもあり、それがとても大きな支えとなり、精神的にも救われました。

このように、たくさんの人に支えてもらったことから、次第に、もう一度やり直してみよう、と思うようになりました。思い返してみれば、初めて入社したベンチャー企業でも、歯を食いしばって、いろいろな壁を乗り越えてきましたし、その都度、自分でも認識できるほどの大きな成長を遂げたのを思い出しました。

結果的に数週間悩んだ結果、自己破産ではなく、もう一度やり直すために、歯を食いしばって頑張ることを選択しました。

ジョイントベンチャーの立ち上げ

整骨院の運営に携わるという初めての経験から学んだこと

その数か月後、人材派遣事業を主とする一部上場企業がジョイントベンチャーを立ち上げることになり、その立ち上げに管理職者として参画することとなりました。

その企業は整骨院の保険請求業務を代行するという事業内容でした。しかし、誰ひとりとして業界経験者がいないために毎日が試行錯誤という状況でしたが、もう一つの親会社（整骨院のコンサル事業をメインとする企業）や、数十院の整骨院を運営する先生の協力もあり、徐々にですが顧客数も増えていきました。

この当時、予算の関係上、従業員は4名と少なかったため、それぞれの能力に合わせて仕事を割り振っていました。2名はバックオフィスメイン。1名は新規営業。私は過去の経験から、営業に関するすべての業務を請け負い、営業戦略立案、営業ツールの作成、営業マニュアルの作成、新規顧客開拓、販売代理店の開拓、セミナー集客およびセミナー運営を行なっていました。

毎日のように、FAXでDMを送信した整骨院や、インターネット経由での問い合わせ顧客に対してテレアポして、一件一件訪問するという泥臭い営業をしていました。

予定どおりとはいえないまでも、受注数も次第に増えていくとともに、売上分析の仕方、自

整骨院オーナー向けの保険請求セミナーの様子

費メニューの開発や売り方、患者さんを増やすための具体策など、成功している整骨院をヒントに、整骨院の運営に関する知識も増えていきました。いつの間にか整骨院の売上向上のために、さまざまな提案ができるようになっていたのですが、そこである重要なポイントに気づきました。

整骨院の運営において大切なのは「問診」だということです。もちろん技術はある前提ですが。

ひと昔前のような「無口で無骨な、技術に自信のある先生」は、今の時代ではなかなか通用しません。問診の方法も初診、再診、2回目以降の継続の場合など、状況によりそれぞれ大きく変化しますし、患者さんの年代や職業によっても変化します。

痛みの度合いや症状にもよりますが、1回の施術だけではなかなか痛みは取れません。最低でも数回は通ってもらう必要があります。当然、通院を強制したところで、継続して通ってくれるはずなどありません。

患者さんはどのような生活環境で、何が原因で負傷したのか、痛みを取る目的は何なのか（とにかくスグに痛みを取りたい、また山登りがしたい、夏の大会出場までに間に合わせたい等)、十分な回数の通院は可能なのかなど、まずは患者さんのことを理解しないことには適切な施術など提案できません。

その上で、どこに原因があるのか、痛みを取る手段は何か(目的によって施術内容が異なる)、痛みが消えるのはいつなのか、痛みを取る期間を早めるためにはどのような施術が必要なのか、ケガを予防するためには日々何に気をつけるべきなのか、それらすべてを患者さんに十分に理解してもらったうえで、納得してもらう必要があります。

そのためには、

・初回来院時(初対面時)のアプローチ(第一印象)
・問診時のヒアリング方法(特に傾聴)
・患者さんの意向を考慮したうえでの施術提案
・次回以降の通院指導

など、相手に寄り添ったコミュニケーションをとることが一番重要なのだということがわかりました。

整骨院は保険を請求するために、毎月5日前後に請求代行業者である私たちにレセプトを送ってきます。私たちはそのレセプトに不備がないか、すべてチェックをするのですが、不備があれば整骨院に差し戻し、不備がないものは保険者ごとに仕分けして、どんなに遅くても毎月9日までにはそれぞれの保険者に向けて発送していました。

整骨院一院あたり、平均するとレセプトが150枚程度あり、当然ですが、患者さんによって使用する健康保険が異なりますので、同様に保険者も異なります。そのため、このレセプトチェックと仕分け作業には膨大な時間と手間を要します。毎月5~9日は戦いでした。このときばかりは、役職や職種関係なく、全員が一丸となり、お互いが鼓舞し合いながら朝方まで作業を続けるということが、毎月のイベントでした。

それから1年を過ぎたころに、もうひとつの親会社である、整骨院のコンサル事業の会社に出向することとなりました。

そこでは、整骨院の売上を伸ばすために、さまざまなサポートをしました。月間の患者数（新患・再診・継続）、来院数、平均単価など、その院の数字から読み取れる課題やまだ表面化していない問題の解決、保険適用の施術ではなく、自費の施術メニューの開発、スタッフの問診力向上のための指導などさまざまです。

もともとは、請求代行の会社側で管理職者として経営側に携わっていましたが、この出向先では、マネージャーの下で、毎日テレアポして、営業に行き、セミナーを実施し、お客様のサポートのために訪問するなど、一人の営業マンとして活動することを命じられました。

この企業文化や風土は、「数字やってなんぼ」「数字できない奴は文句を言う資格なし」「できないなら行動量で補え」というような感じで、まるで20代に勤めていたベンチャー企業のような感覚になりました。

出向してきたからなのか、うまく組織になじめず、精神的にかなり厳しい環境でしたが、寄り添ってくれる、周囲からの盾となってくれる人のおかげで、何とか自分の立ち位置を築き、継続して数字を作ることができました。

同じことをまたできるかと聞かれると、正直、自信はありませんが、今思い返してみると、文句を言いながらも全員が一丸となって同じ目的に向かって走るということは、やはり楽しかったですし、毎日数字に向かって全力で走る、という環境は、充実していたと思います。

一部上場企業の新設事業部の拡大

そして2年を過ぎたころでしょうか。そのジョイントベンチャーが売却されることになりました。当然ですが、売却先にそのまま移るか、同グループ内の組織に移るか、まったく別の選択をするか、3つの選択を迫られました。

一部上場企業の他の組織も見たかったのもありますが、そのグループ企業の一つに、新しく事業部化した組織があると耳にしました。その新組織はRP事業部といって、主にRPOサービスを提供する部署です。RPOとは「Recruitment Process Outsourcing」の略で、採用アウトソーシングのことです。人材採用業務をプロセスごとに切り分け、顧客から業務を引き受けるというサービスを提供しておりました。

具体的な例を挙げると、採用媒体へ掲載するための業務（媒体業者の選定および媒体差配、原稿作成・修正、媒体の効果測定）、応募者の対応（応募者からの問い合わせ対応、面接の日時設定、次回面接の呼び込み、合否連絡）、面接代行、採用管理システムの提供など、業務の一部を切り出す場合もあれば、採用原稿の作成から面接代行まで一括して引き受ける場合もあり、企業のニーズにより幅広く対応していました。

たとえ大手企業であっても、採用担当の人数は限られており、中途採用、アルバイト・パート採用、新卒採用など、採用活動がパラレルで動いている場合は、限られた人数ではとても対応などできません。採用に関わるすべての業務を切り出してみると、わざわざ採用担当者が行なわなくても良い業務もたくさんあります。

それこそ外部業者に委託するほうが効率が良いですし、とくに応募者の対応スピードは重要で、応募連絡が入ってから30分以内に対応できるかどうかで、面接設定率に大きな差が出てしまいます。さまざまな業務で忙しい採用担当者が、合間をぬって対応するよりは、熟練のスタッフがいる専門業者に業務委託するほうがメリットは大きいといえます。

もともとＲＰＯ業務にも興味はありましたし、20代で勤めていた企業の人事部での経験も活かせると思ったので、迷わずＲＰ事業部を希望しました。

社会の変化、世代による価値観の違い

事業部化したばかりとはいえ、事業部化する3年ほど前からサービスを提供していたこともあり、20名ほどのスタッフが在籍していました。

受注後のオペレーションを回すための形はできていましたが、営業経験が乏しいメンバーが多く、とくに「新規営業」に関しては、多くのものが不足していました。また、事業部の目的やあるべき姿、方針などは定まっていませんでした。

そのためか、RP事業部のメンバーはそれぞれの価値観や判断基準で物事を推し進めていたため、個々の能力は光るものがあったのですが、組織としてまとまりはなくバラバラでした。

スタッフの9割は20代で、そのうち7割がアルバイトやパートでした。そこに私を含めて40歳前後の管理職が2名と、所属するメンバーのほとんどがいろいろな意味で「若かった」ことも影響しているのか、当初の想像を大きく超えるほどの「価値観の違い」を感じました。

少し話はそれますが、「24時間、戦えますか?」というフレーズでおなじみのリゲインという栄養ドリンクをご存知ですか？　若い世代の方々はあまりピンとこない人も多いかと思いますが、40代以上の方々は、そのフレーズを聞いて懐かしいと思うのではないでしょうか。このリゲインという商品のテレビCMは、その時代の文化や価値観を象徴しているおり、おもしろいことに、時代の変化に合わせてCMの内容やキャッチフレーズも変化しているのです。

1985年のバブル崩壊直前には「24時間戦えますか?」というフレーズで、気合と根性で「長

時間働いてなんぼ」という当時の価値観を表わしています。今の時代からすれば、そのような価値観で働く企業など、完全に「ブラック企業」だと批判をされてしまいます。

そしてバブル崩壊と共にＣＭのキャッチフレーズにも変化が現われます。

１９９２年には「全力で行く。リゲインで行く」、１９９４年には「くやしいけれど、仕事が好き」、１９９６年には「その疲れに、リゲインを」、１９９９年には「たまった疲れに」、２００４年には「疲れに効く理由がある」と変化し、ついに２０１４年には、「24時間戦うのはしんどい！　３～４時間戦えますか？」に変化しました。

私の世代（40歳前後）が大学を卒業して就職をするときには「実力主義」という考え方が定着していました。年功序列のような組織ではなく、目標売上や個人ノルマを達成し続ける、という目に見えてわかりやすい結果を出し続けることによって、給与も役職もどんどん上がっていく。20代半ばでも年収１０００万円は夢ではないというような、「数字を作れる人が優遇される」という文化が定着していきました。

私と同年代の管理職者は、「実力主義」という価値観に影響されている人が多いため、入社した瞬間に覚悟を決めて、結果を出すために努力し、全力で走り続けることが当たり前だと思っている人が、比較的に多く存在します。

しかし、２０１９年になった今、おそらく「実力主義とは真逆の価値観になった」と言っても過言ではありません。

今の世の中、モノがあふれかえっているため、「あって当たり前」「やってくれて当たり前」の時代となりました。自宅から数分移動すればスーパーやコンビニがあり、簡単にモノが手に入りますし、インターネットで欲しい商品をクリックするだけで、早ければその翌日には欲しい商品が手に入ります。

モノだけではなく情報も同様です。知りたい情報はスマートフォンで検索するだけでスグに手に入ります。

サービスもそうです。どこに行っても笑顔で迎えられ、数百円のモノを買っただけでも、笑顔で「ありがとうございます。またお越しくださいませ」と言われ、丁寧にお辞儀をされるお店もたくさんあります。

このように、待っていれば、お願いすれば、誰かが「やってくれる」時代になったからでしょうか。やってもらって当たり前、教えてもらって当たり前、褒めてもらって当たり前、というように、若い世代、つまり「新世代」には受動的な人が増えたように感じます。

その影響からなのか、仕事をするにあたってのモチベーションの源泉が、仕事内容でもない、お金を稼ぐでもない、社内のステータスでもない、自分のスキルアップでもない、とくにやりたいこともなく、明確な目標も持っておらず、なんとなく就職して今に至る、という「新世代」が思いのほか多く存在します。

そのため、会社に入社した時点で、社会人としてマインドセットができてない「新世代」に対して違和感をもってしまうのは当たり前なのかもしれません。ましてや、入社2年、3年を迎えたというのに、いまだにやりたいこともなく、将来の目標も持たず、目の前の指示されたことのみを素直に実行する、というように、非常にピュアで受動的な「新世代」は扱いにくい、動機づけが難しい、やる気スイッチが見つからない、怒ると反発する、自ら学ぶ姿勢がない、すぐに辞める、などなど、管理職や人事部のネガティヴな声を耳にすることが、ここ数年の間でとても増えました。

時代に合った方法で人を育てる

ＲＰ事業部のほぼ9割が、この「新世代」で構成されていました。そこで、私がとくに気をつけたのは、「マネジメント」ではなく「リーダーシップ」でした。

管理者とはいえ、来たばかりの新参者が、スタッフがそれぞれ抱えている業務を深く理解せずに指示を出してしまっては、おもしろくないでしょうし、指示の内容がズレてしまっては話になりません。

まずは、それぞれの抱えている業務を深く理解する。そして改善すべき点があれば、①改善すべき理由、②具体的な改善方法、③改善するメリット、の3つをセットで提案します。もし、理解するのに時間のかかる業務や、複雑な業務に関しては、可能な限りその業務を一緒にやって十分に理解したうえで、改善すべき点を指示しました。

また、新規営業に関しては指示をするだけではなく、その指示内容を自分自身で体現する。

自分自身が優れたプレイヤーとしてやって見せる、という事をとくに意識してしばらく実行しました。

たとえば、営業資料をつくり直せ！　ではなく、まずは現場を知るために同行営業をします。そしてひととおり相手のニーズや課題、それに対する提案、その提案資料の使い方、提案を受けた相手の反応などを見たうえで、相手のニーズや課題をどうすれば解決できるのか？　具体的にどのようにすればよいのか？　解決するための費用と期間はどのくらい必要か？　それらに過去の導入事例を3つほど入れたうえで、「実際に説明を受けたことがない人が見ても十分に理解ができる」レベルのモノにするために必要な部分を指摘します。その営業担当者に資料を作成する能力がなければ、私自身が作成をして、営業担当に持たせます。

必要に応じて、その資料を使って提案できるようロールプレイングもしますし、提案内容の質を均一化するためのトークスクリプトや営業マニュアルも作成する、というレベルです。

言い方を変えるのであれば、その職種、その役職の「あるべき姿」を実際に体現する、です。

このようなことをしばらく継続することで、スタッフそれぞれ良い結果が出てきます。それが成功体験となり、次第に良い結果が当たり前になってきます。そこで初めて目線が上がります。目線が上がれば、自分のやるべきことが見えてきます。次第に成長意欲も高まっていきます。その段階で初めて能動的に学び、行動し始めるのです。

このRP事業部は、事業部の目的やあるべき姿、方針などが定まっておらず、スタッフはそれぞれの価値観や判断基準で物事を推し進めていたため、組織としてのまとまりがなくバラバラでした。

このままだと、事業部拡大どころか、組織がうまく噛み合わず問題が多々起きる恐れがありますし、その社内の問題が顧客にも影響を及ぼすことが容易に想像できたので、事業部の目的やあるべき姿を明示し、価値観のすり合わせをするところから始めました。

ＲＰ事業部に来た翌日からスタッフ全員と面談をしました。個々の人となりを知るために、育ってきた生活環境、入社するまでの経緯・経歴、現在の主業務と役割、仕事に対しての考え方やスタンス、今後の目標、善悪の判断基準、趣味趣向、コミュニケーションスタイルなどを把握しました。そして、スタッフそれぞれに対して、何をどのように伝えることで、しっかりと理解して腹に落ちるか、どのようなヒントを与えることで自ら学ぶ姿勢や学習意欲が高まるか、という事も合わせて考えながら話をしました。

スタッフからヒアリングをした結果、大きく３つの組織課題がみえてきました。

①事業部の理念、ビジョンが不明確である

これから自分たちはどこに向かっていくのか。先が見えないため不安を感じる。

②部門ごとにマニュアルが整備されていない

専門知識やノウハウが共有されておらず俗人的になっている。

新人が入社しても困ったときに頼れる業務マニュアルが存在しない。

③職種別の要件や「あるべき姿」が明示されていない

個々の意識（働く姿勢）にバラつきがある。必要なスキルやノウハウも大きく不足しているが、そこに課題を感じている割合が少ない。

ヒアリング結果を基に、もう一人の管理者と相談したうえで、事業部の理念・ビジョンを策定し、自分たちは3年後にどのような状態になっているのか、そのためにどのような知識やスキルを身につけるべきなのか、そのための手段は何なのか、ロードマップを作成して全員で共有しました。

業務マニュアルに関しては、各職種の責任者が主導となり、新人が入社してもマニュアルを読めば最低限稼働できるレベルのものを1か月ほどで作成してくれました。

各職種別、各階層別に必要な知識やスキルも明示しました。

採用市場動向、RPO業界情報などの情報は社内SNSツールで共有し、各部署の日々の活動、顧客ニーズや、顧客の抱えている課題、その具体的な解決事例などの実例やノウハウに関しては、顧客訪問後に活動報告として関係者全員へ配信することを義務付けました。

また、それだけでは不足している知識や情報、各階層別、職種別に必要なスキルに関しては、社内研修会を実施することで補いました。

私の主なミッションが「新規営業部門の強化」という内容だったため、その後は営業部門専属で動きました。現在提供しているサービスの詳細の把握、営業手法や営業ツールの確認、営業対象となる企業と、その企業の部門担当者の抱えている課題・潜在ニーズなどを把握するため、約2か月の間、ほぼ毎日のように営業スタッフと営業同行をしました。

そして、その2か月間で得た情報を基に、営業ツールの見直しを図り、営業手法も変更しました。

毎日の営業同行の移動時間も含めて、ＯＪＴ「営業力強化のための時間」として有効活用できたこともあり、短期間で若手営業スタッフの営業力が上がりました。当然ですが、毎月の売上も右肩上がりに伸びていきました。

営業職に最も必要なスキルは「相手の話を聞く力」

ＯＪＴ以外にとくに力を入れたことは「ヒアリング力」の強化でした。

思いのほか勘違いをしている人が多いのですが、営業職に最も必要な力とは「ヒアリング力」であって、提案する力でもなく、クロージングする力でもありません。とくにクロージングは、それほど重要ではありません。もちろん、ヒアリング、提案、クロージングすべての能力が高いに越したことはありませんが。

成果がなかなか上がらない営業パーソン、継続して成果を出し続けることができない営業パーソンに共通するのは、サービス内容や商品説明など「自らが話をする割合」が多すぎるという点です。あとで詳しく書きますが、成果を出し続ける営業パーソンは「ヒアリング力」が

ハロウィンの日は仮装して出社していました（左後）

とても高いのです。

望ましいヒアリングをすることで、相手の状況を把握することができれば、あとはそのニーズに合うサービス（商品）や、その課題を解決する方法（商品）を提案するだけです。無駄に力の入ったクロージングなど必要ありません。目の前の相手がいま必要としている情報を提供することで、十分信頼を得られますし、サービスや商品を導入することによってニーズが満たされる、課題の解決ができるのであれば、当然ですが、すんなりと受け入れてもらえます。

これは新規営業だけではなく、顧客サポートやテレフォンオペレーターなど、顧客接点があるスタッフ全員に共通することなので、RP事業部のスタッフ全員に対して定期的に社内研修会を通じて「ヒアリング力」の向上、コミュニケーション力の向上に努めました。

その後しばらくは順調に売上も伸びていたのですが、残念なことにそれは長続きしませんでした。ある時期を境に、売上が鈍化し始めたのです。

理由は単純で、ＲＰＯサービスの認知・浸透に伴ない、他の人材派遣会社や採用媒体事業者が、次々とＲＰＯ事業に参入してきたために、ＲＰＯサービスを提供する企業が急激に増えたことと、慢性的な人材不足で年間を通して大量に採用活動をしているＲＰＯニーズの高い企業である「今すぐ客」を、ほぼ取りつくしたことも原因の一つでした。

そこで、目の前のＲＰＯニーズだけではなく、もっと根本的な組織課題や、顧客が抱えているであろう潜在的なニーズに対しても、私たちがかかわることで、顧客に何かしら価値を提供できないか、と考えました。

ただ、机の上であれこれと考えているだけでは何も話が進まないので、既存顧客に訪問してヒアリングすることにしました。

その結果、次の３つに該当する企業（先々該当しそうな企業）を対象に絞りました。

①採用リテラシーの低い企業

採用担当者の経験が浅く、そもそも採用ノウハウや情報に乏しい企業。

②ネガティヴ補充している企業

新規出店や事業拡大に伴う人材補充ではなく、離職した穴を埋めるために人材補充をしている企業。

③人材育成ニーズの高い企業

人材確保はできているものの、なかなか人材育成まで手が回っていない企業。

それらの対象企業に対して、以下3つのサービスを追加で提案することにしました。

①採用コンサルティング

採用市場情報の提供、採用ターゲットの選定・見直し、採用手法の追加・見直し、効果測定など。

②組織課題改善コンサルティング

離職原因の調査（インタビュー）、課題の整理、改善策の策定、組織改革プロジェクト運営、研修実施（必要に応じて）など。

③人材開発および研修実施

階層別・職種別の研修コンテンツ作成、研修実施、研修コンテンツの販売など。

今までの新規営業ではRPOニーズの高い「今すぐ顧客」しか獲得できていませんでしたが、3つの新サービスを追加したことで、単なる「RPOサービスの提供業者」から、「ヒトにかかわる総合的なコンサルティングサービス」を提供できるようになりました。

その結果、「今すぐ顧客」の手前の「RPOニーズが顕在化する前」の企業と、その後の「人材充足（採用）後の育成ニーズのある」企業の、２つの層の顧客を獲得することができるようになりました。

既存顧客に対しても、提供できるサービスの幅が広がり、また、提供するサービスの質も上がったことによって、顧客満足度も上がり、ご紹介をいただける機会も増えていきました。

その結果、今まで以上に売上を伸ばすことができました。そしてコンサルティングや研修実施を内製化することによって、経費がほとんど発生しない（人件費や外注費がほとんどかからない）ので、利益率も大幅に向上しました。

結果的に「価値観のすり合わせ」をしたうえで、「ヒアリング力」の向上に努めたことによって、個々の営業力や顧客対応力も高まり、同業他社と比較された場合にも打ち勝つことのできる、質の高いサービスを提供することができるようになりました。そしてそれが売上の向上、利益率の向上に直結したのでした。

正しいコミュニケーションの大切さ

　このように、過去を振り返ってみると、初めて就職したＩＴ系ベンチャー企業、自身の独立（倒産を覚悟したほどの失敗）、ジョイントベンチャーの立ち上げ、一部上場企業の新規事業部拡大など、さまざまな規模の組織での勤務経験、また、リユース事業、ネイル事業、婚活事業、貿易事業、研修事業など、さまざまな業界の事業に携わってきました。

　そして、それらの経験すべてに共通しているのが、「正しいコミュニケーション」を心がける（実行する）ことでした。それを心がける（実行する）ことで、私は結果的に成果を出してきました。

　また、私だけではなく友人や部下も同様です。たとえ、どんなに引っ込み思案でも、人見知りでも、コミュニケーションに自信がなくても、「正しいコミュニケーション」を心がける（実行する）ことで「必ず成果を出せる」という事実をみてきました。

　このように、どのような環境下においても、誰にとっても、最もシンプルで大切なスキル。それが「正しいコミュニケーション」なのだと考えます。

　これから訪れるＡＩが進化した新時代でも、きっとそれは変わらないのではないでしょうか。

苦手なタイプがなくなる方法

みなさんは相手に対して「なんとなく合わないなぁ」と感じたり、苦手意識を持ってしまうことってありませんか？ そのような感情を持ってしまった場合、おそらく相手も同じことを思っている可能 性が高いです。

実は、相手の大体の性格が分かれば、どのように接することで相手が喜ぶか？相手が笑顔になりやすいか？自分の事を受け入れてくれやすくなるか？が分かります。

相手に受け入れてもらえば、その後は非常に接しやすくなりますし、一緒にいて嫌な思いをすることは殆どなくなります。

そんな方法が知りたい！試してみたい！今の自分の接し方は間違っていないか確認したい！そんな方は、各章の最後に「タイプ別のトリセツ」を記載しているので、ぜひ、参考にしてください！

第二章

■ＡＩ時代に勝ち残る人の条件■

ＡＩ時代の始まり

今の世の中は科学の進歩により、ものすごいスピードで変化しています。この20年間を振り返ってみても、インターネットの普及から始まり、スマートフォンの浸透によって、私たちのライフスタイルは大きく変化しました。

私がまだベンチャー企業に勤め始めたころは、スマートフォンはもちろん、グーグルマップも普及していない時代でした。そのため、営業マンは、営業に行くときは常に地図を持って外出していました。

その当時、横浜市の都筑区や田園都市線沿線のたまプラーザ駅より奥は、まだまだ開発途中だったため、区画整理されたばかりの場所にある企業へ訪問する際は、地図に載っていない場合が多く、探すのにとても苦労した覚えがあります。

また、当然ながら「乗換案内」のようなアプリも存在しないので、パソコンにインストールされている「駅すぱあと」というソフトを起動して検索するか、「Ｙａｈｏｏ！　路線情報」にアクセスして路線検索をしていました。

ちなみに、この「駅すぱあと」というソフトは、１９８８年に関東版がリリースされ、１９９３年に全国版が発売されましたが、そのときの価格は2万９８００円でした。その後、バージョンアップを繰り返し、１９９８年にはＹａｈｏｏ！ ＪＡＰＡＮと提携して「Ｙａｈｏｏ！路線情報」として無料提供が開始されました。

新規営業に行く準備をする際、一件一件、訪問企業先の住所と地図を照らし合わせ、乗換案内の情報をプリントアウトするなど、現在よりもとても手間がかかりました。

その当時からすると、スマートフォンですべて解決してしまう未来など、想像もしていませんでした。

では、この先はどのようなテクノロジーが出現するのか？

今もっとも多くの人が注目しているのがＡＩ（人工知能）だろうと思います。

このＡＩの進歩によって、どのような変化がもたらされるのか。これからの時代にどのように対応するべきなのか。ここに注目が集まっています。

ＡＩの進化に伴う変化とは

倍々ですすむ進化の破壊力

２０１５年にグーグル・ディープマインド社が開発した「アルファ碁」が、人間のプロ囲碁棋士をハンディキャップなしで破りました。翌年には２０００年代半ばから２０１０年代前半における世界最強の棋士といわれた韓国のイ・セドル氏から3勝（最終的に4勝1敗）をあげ、２０１７年には、中国の柯潔氏との3番勝負で3局全勝をあげ、コンピュータが人間に打ち勝つことが最も難しいと考えられてきた分野である囲碁において、人工知能が勝利をおさめたことで、人工知能の有用性を広く知らしめるものとなり、この数年の間にＡＩの発達に対する関心が急速に高まってきました。

それと同じくして、「シンギュラリティ」という言葉がクローズアップされるようになりました。この「シンギュラリティ」という概念が定着したのは、アメリカのＡＩの世界的権威であるレイ・カーツワイルが２００５年に発表した著書がきっかけになっています。

この「シンギュラリティ」が何かというと、技術が進歩する速度が倍々ペースで増加する、という考え方です。

倍々ペースで増加する、といってもイメージするのは難しいので、例えてみましょう。

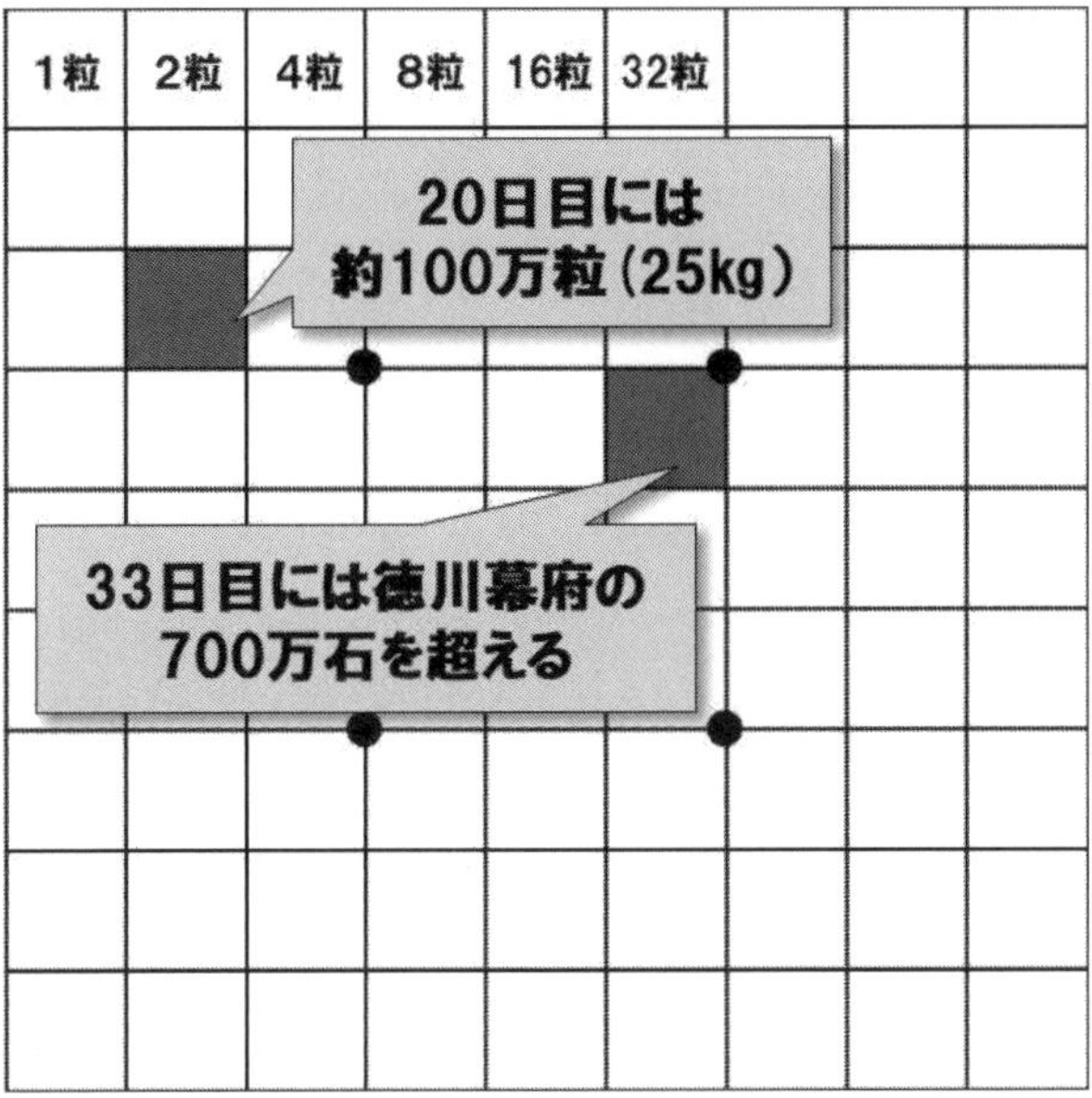

米粒と将棋盤の図

皆さんは、熊本の八代地方に伝わる民話「彦一とんち話」をご存知でしょうか。ある日、とんち好きの彦一が手柄をたて、殿さまからご褒美をもらうことになりました。「何でも好きなものをやる」と言われた彦一は、将棋盤を持ち出して、「最初のマス目に1粒、2つめのマス目には倍の2粒、3つめのマス目には倍の4粒、4つめのマス目には8粒という具合に、最後のマス目まで置いた米粒をください」と言いました。すると、殿さまは「なんだ。それくらいか。お前は欲がないな」と言って、約束を文章にして渡してしまいました。

将棋盤は9×8の81マスしかないので、たいしたことのない量だと思ってしまいますが、実は大きな勘違いなのです。倍々で増やしていくと、途中からとんでもない数になります。

この米粒の数を計算してみると、1＋2＋4＋8＋16＋32＋64＋……、10日めには約1000粒になっています。そして20日めには100万粒（25キロ）、で23日めには1石、33日めには徳川幕府の700万石を超えます。

最終的には約35京石。米粒の数は2417851639229258349412351粒となります。米50粒で1グラムほどとなるので、これを換算すると、日本全国の生産量の約50億年分に相当します。

また別のたとえですが、1歩1メートルの等間隔で真っすぐに歩くと、当たり前ですが30歩で30メートルしか進みません。しかし、その歩幅が1歩ごとに2メートル、4メートル、8メートルと倍々で長くなったと仮定すると、30歩では地球を20周以上、月を往復できる距離となります。

このように倍々のスピードで進化していくことを指数関数的に言うと、「エクスポネンシャル」な進化といいます。

これを前提に考えると、AIをはじめとするコンピューター技術だけでなく、生命科学やナノテクノロジー、ロボット工学など、あらゆる分野の科学技術が結びつくと、新たなイノベーションを起こすスピードが加速するポイントが訪れ、科学技術はエクスポネンシャルに進歩するということになります。このポイントこそがカーツワイルの言うシンギュラリティということになります。

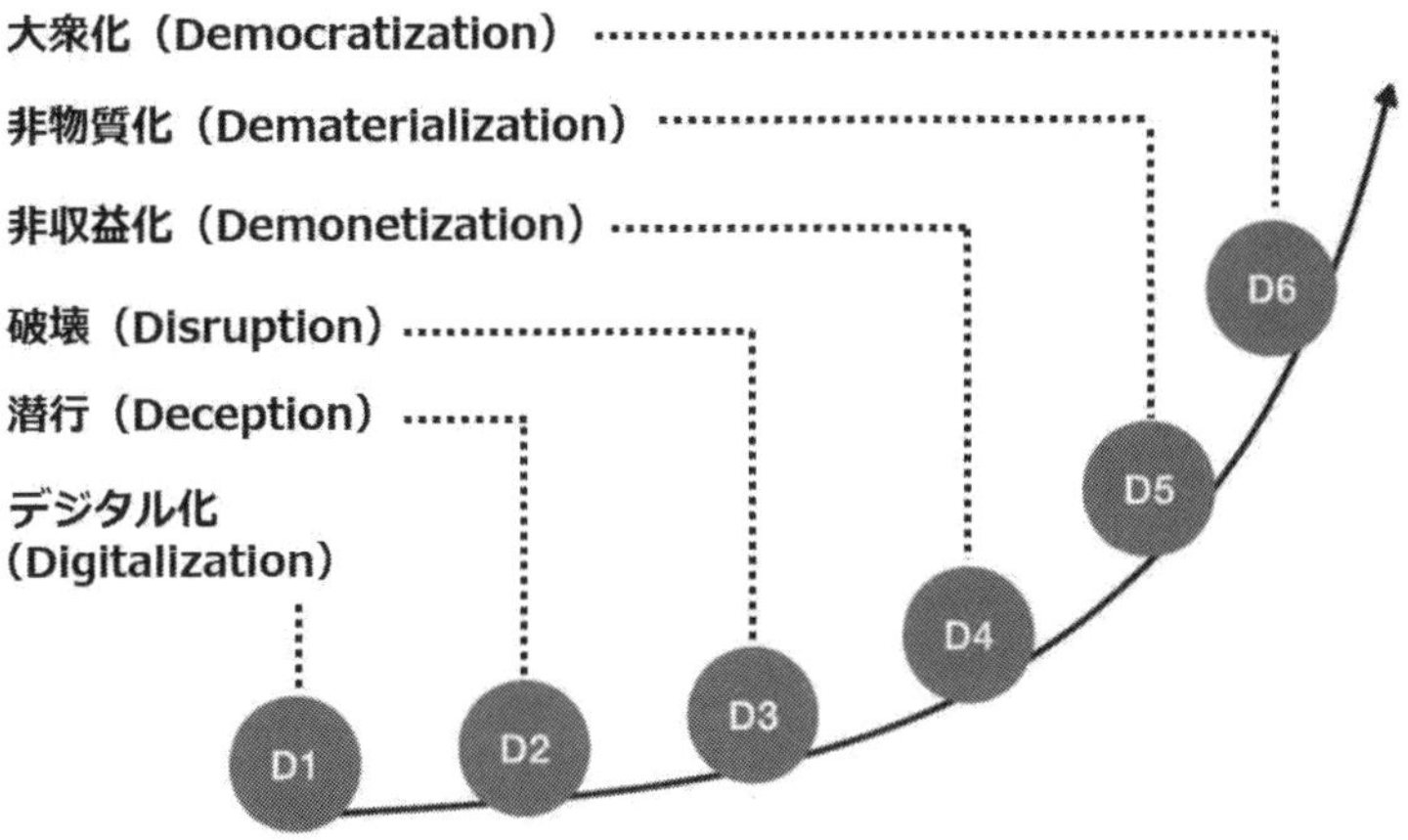

エクスポネンシャルで起こる６つのＤ

シンギュラリティ大学の創始者の一人であるディアマンディスは、物事がエクスポネンシャルに成長するとき、その多くのケースで６つの事象が連鎖反応的に起こるといいます。

1　デジタル化（Digitalization）
2　潜行（Deception）
3　破壊（Disruption）
4　非収益化（Demonetization）
5　非物質化（Dematerialization）
6　大衆化（Democratization）

　ここでいうデジタルはコンピューターを使った技術ではなく、アナログな自然現象を、数えられる「データ」として扱えるようになることを指します。大昔の人が作った「暦」もそうですし、そろばんを使う計算もデジタルといえます。

　デジタル化によってイノベーションがスター

トした例でわかりやすいのが「写真」です。フィルムで撮影して現像し、紙に焼いて保存されていた写真は、あるときからデジタルデータとなりました。カメラのコダック社はデジタル写真の成長を見抜けなかったため、倒産するという象徴的な事態も起きています。

しかし、写真がデジタル化した当初は、それが主流になると考えた人は、あまり多くはなかったのではないでしょうか。市場に出始めたデジカメを見て、「こんなオモチャでは本格的な写真は撮れない」と思い、アナログ写真のほうが優れていると感じた人も大勢いたはずです。

このようにデジタル化が起きた段階では、あまり大きなインパクトは生じないのですが、これが2つ目に起こる「潜行」となります。デジタル化によってイノベーションが起こると思っていたのに、たいして何も起きない、と残念な気持ちになります。

エクスポネンシャルな成長は、当初は誰も気づかない程度の小さなレベルで進行します。デジタルカメラの画素数でいえば、0．01メガピクセルを倍にしても0．02メガピクセルにしかなりません。倍々に進化しても0．04、0．08と誤差の範囲のようにしか感じられません。「彦一とんち話」で、殿さまが「お前は欲がないな」と言ったのも、米の粒が2粒、4粒と少しずつ増えるレベルなので、「たいしたことはない」と感じたのだといえます。

しかしエクスポネンシャルな進化は、次の段階を迎えます。最初は「たいしたことはない」と失望していた人たちが「予想していたよりもすごい」と気づく瞬間です。

デアマンディスはこの段階を「破壊」と呼びました。ここで破壊されるのは既存の市場です。デジカメをオモチャだと軽視していたコダック社は、この時点で撤退を余儀なくされたのです。

　ここ最近ではスマートフォンの普及もすさまじい早さでした。iPhone が登場したときは、ガラケーがこんなにも早く市場から追い出されるとは予想できませんでしたが、その普及スピードは、ガラケーのときの倍以上のスピードでした。

　デジタル化、潜行、そして破壊というブレークスルーの後、次の段階の「非収益化」が訪れます。この非収益化は、その技術が生み出した商品そのものではありません。

　例えば、写真のデジタル化によって、コダック社はフィルムという大きな収益源を失いました。「現像」にもお金がかかっていましたが、そのプロセス自体もなくなりました。

　技術の進歩は、このように既存の何かを非収益化するため、「被害」が出る側は、あらかじめ対策が必要です。しかし、ディアマンディスによれば、この「非収益化」にも潜行があるため、いつ、何が、どのくらい収益化するかが見えにくいため、対応が遅れてしまうのです。

　もしかしたら民泊はホテル業界を、Uber はタクシーや運送業界を、非収益化していく動きも、この破壊の段階に入ったのかもしれません。

　これに続いて、物やサービスそのものが消える非物質化が訪れます。

　デジカメの普及によってフィルムを使う従来のカメラが消えましたが、それだけではありません。ついにそのデジカメも姿を消し、スマートフォンの一つの機能になってしまいました。

　ちなみに、「駅すぱあと」というソフトも同様に、１９９３年の全国版が発売された当時の価格は２万９８００円でしたが、時間の経過に伴い、非収益化と非物質化によって、誰もが無料で使用するアプリケーションになりました。

アプリ		アプリの価格（2011年）	もとのデバイス名称	発売年	発売時のデバイスの希望小売価格（米ドル）	デバイスの価格を2011年の価格に換算（米ドル）
1	ビデオ会議	無料	コンプレッション・ラボVC	1982	250,000	586,904
2	GPS	無料	TIナブスター	1982	119,900	279,366
3	デジタル・ボイスレコーダー	無料	ソニーPCM	1978	2,500	8,687
4	デジタル腕時計	無料	セイコー35SQアストロン	1969	1,250	7,716
5	5メガピクセルカメラ	無料	キャノンRC-701	1986	3,000	6,201
6	医学ライブラリー	無料	コンサルタントなど	1987	2,000	3,988
7	ビデオプレイヤー	無料	東芝V-8000	1981	1,245	3,103
8	ビデオカメラ	無料	RCA CC010	1981	1,050	2,617
9	音楽プレーヤー	無料	ソニーCDP-101CDプレーヤー	1982	900	2,113
10	百科事典	無料	コンプトンCD百科事典	1989	750	1,370
11	ビデオゲーム機	無料	アタリ2600	1977	199	744
合計		無料				902,809

非収益化・非物質化の例

手元にあるスマートフォンを開いてみると、どれだけの機械が非物質化されたのかよく分かります。電話機、GPS、ICレコーダー、デジタル時計、ゲーム機、テレビ、ビデオカメラ、音楽プレイヤーなどの多くが、そこに取り込まれています。

しかも、アプリ化したその機能は、かつての機械よりもはるかに安く手に入ります。これが次の段階の「大衆化」です。

昔は富裕層しか手に入らなかった高価な物やサービスが、非収益化と非物質化によって、誰にでも手に入るようになる。これがエクスポネンシャルな技術進化がもたらす変化だといえます。

これからのエクスポネンシャルな進

化によって大きく変化する社会を生き抜くためには、このように物やサービスが変化する順序やステップを十分に理解している必要があります。

ＡＩの進化によって失業する職種

今注目を集めている人工知能用語にＲＰＡ（ロボティック・プロセス・オートメーション）という言葉があります。ホワイトカラー（企業の管理部門で企画あるいは管理業務などの事務系の職種）の事務作業を軽減するために、このＲＰＡが活用されています。

今までは、請求書を発行して郵送する場合、エクセルで印刷した請求書とは別に、ワードで送り状を作成して印刷していました。送り状のファイルを開いて、請求先の担当者名を入力して、要件欄に「請求書ご送付の件」と入力して印刷します。そして宛名作成ソフトを開いて、送り先の住所をラベルに印刷します。あとは封筒にその宛名ラベルを貼り付けて、送り状と請求書を入れて封をして、切手を貼ったら請求書作成の業務は終了です。

この作業をＲＰＡでは、ソフトウェアが学んで自動化していきます。初歩的なものは、送り状を作成するような業務ですが、あらかじめ判断分岐をプログラムしておくことで、Ａ社への請求書は項目だけ、Ｂ社への請求書は項目だけではなく細かな内訳も記入する、というように、プログラムが一定の判断分岐を行なうことも可能です。

最近では、ＡＩによって、あらかじめプログラムをしなくても、機械が学習して作業を自動化していくタイプもあります。

請求書を作成するのに、ファイルを開いて発注を受けた日付や依頼内容を記入しなければならない企業宛の請求書の場合、ＡＩがメールの履歴や格納ファイルを検索して、それを探して作成をする、というように、事務員が頭を使って作成する作業を、ＡＩが自ら学習して、代わりに行なうことができるようになりました。

このように、今までは事務員に任せていた作業が、ＲＰＡによって自動化することにより、ボタン一つでできるようになりました。

このように、ホワイトカラーの事務業務はデジタル化されてクラウドに移行し、ＡＩが担うようになります。

このＲＰＡによる事務作業の自動化によって、銀行員は今後どう働くか、どう生きるか、自分たちの存在意義を問い直さざるを得ない状況になっています。

今では、給料日に多くの人が店舗に並ぶ時代ではなくなりました。インターネットバンキングも普及していますし、公共料金はコンビニで支払えます。また、あらゆる決済がインターネットでできるようになりました。ＡＩやフィンテックの普及で店舗が減っていくのは、業界全体の流れです。店舗が一つなくなるということは、そこで窓口業務や事務作業に携わっていた人たちの仕事が丸々消えるということを意味します。

実際、各メガバンクは２０１７年、大規模なリストラ予告を表明しました。

三井住友フィナンシャルグループは２０２１年までに４０００人、三菱ＵＦＪフィナンシャ

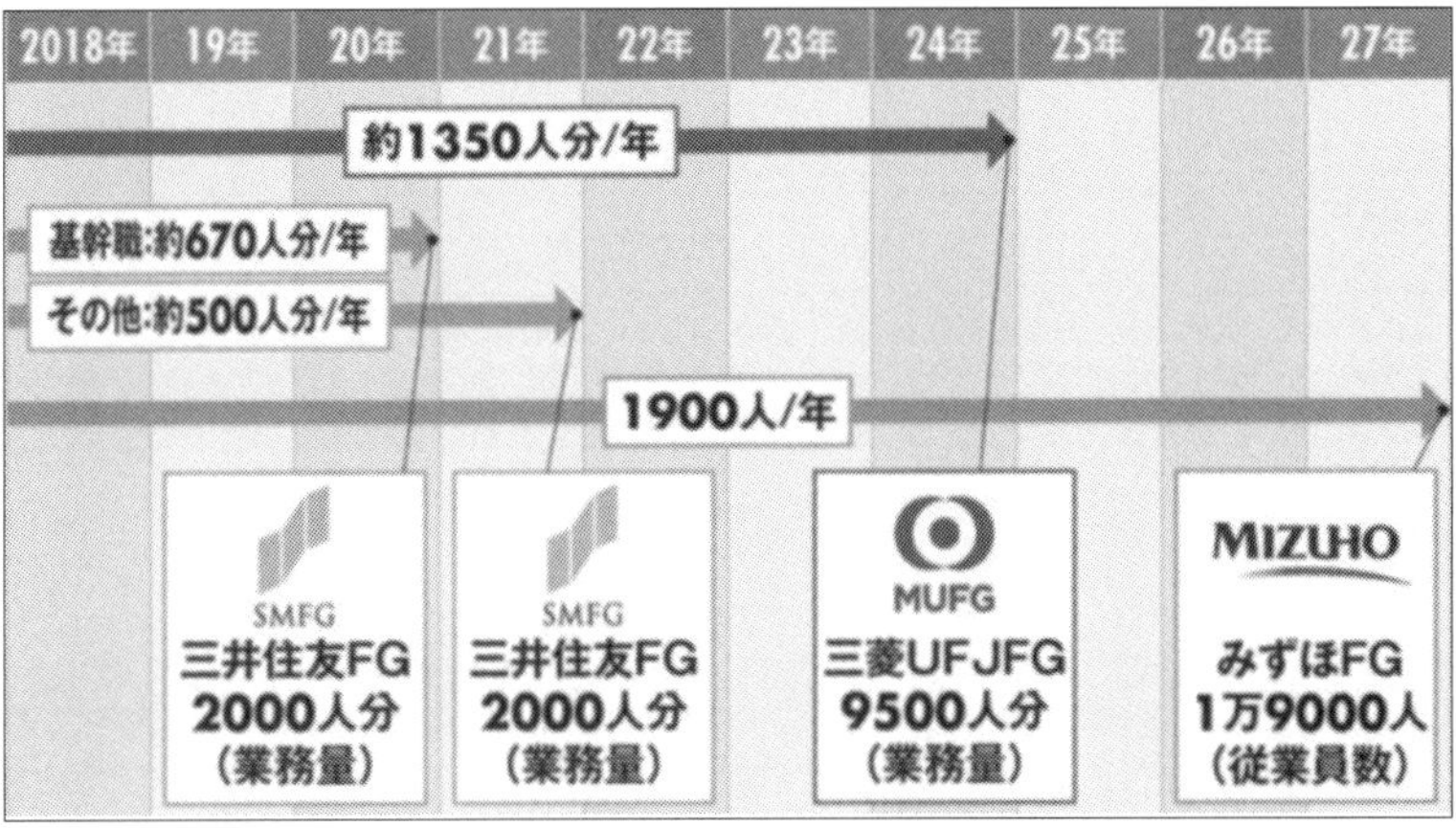

メガバンクの業務量・人員削減計画（出典：ダイヤモンド・オンライン）

ルグループは２０２４年までに９５００人分の業務削減、みずほフィナンシャルグループでは２０２７年までの10年間で１万９０００人分の従業員を削減すると発表しています。

この３行とも最初に着手するのがＲＰＡによる事務作業の自動化で、この先５年前後で大量の銀行業務の仕事が消滅することになります。

三井住友フィナンシャルグループは、「ルーティンに携わっていた人材を創造的な仕事に振り替える」という表現をしていますが、ようは仕事がなくなる４０００人の事務員を営業へと配置転換する計画だということがわかります。

過去には、国鉄がＪＲになった際には、余剰人員を営業に配置転換するという人事がありました。また、富士通やＮＥＣの工場閉鎖が計画された際、余剰人員はＩＴエンジニアへ配置転換するという人事がありました。

当然ですが、現場社員を営業やＩＴエンジニアのような創造的な仕事に配置転換しても、実際には戦力にはならないため、結果的に多くの社員が新しい仕事になじめずに辞めていきました。

銀行員の競争相手は今やＡＩであり、そのＡＩのほうが銀行員よりも競争力は高いのは明らかです。たとえ、就活で勝ち残って入行しても、その先に待っているのは大規模なリストラです。その一方で、大規模な投資が、フィンテックを生み出す「情報・インターネットサービス」に集中しています。

それらが影響しているからでしょうか、就職活動にも大きな変化がみられました。

２０１８年の学生の就職活動では、今まで人気業種であった「銀行」がＡＩやフィンテックを推進する「情報・インターネットサービス」に追い抜かれてしまいました。

弁護士、会計士、税理士、司法書士、行政書士といった士業と呼ばれる業種にも、変化が訪れます。それぞれが扱う仕事をデジタル化した途端に、ＡＩにとっては弁護士がみる判例も、会計士がみる帳簿の数字も、単なるデジタルデータにすぎません。

弁護士で考えてみると、今まで弁護士が独占していた法律の知識、過去の判例、訴訟戦略などの情報が簡単に入手できるようになれば、一般人でも客観的なデータを基に判断できるようになります。すると、これまで弁護士しかできなかった、過去の判例に基づく訴訟戦略の立案や、この訴訟は勝てる見込みがあるのかといった判断などが、依頼人自身でもできるようになります。

また、翻訳機能の進化によって言語の壁がなくなります。この結果、日本の弁護士は海外の優秀な弁護士と、日本という市場の中で戦うこととなります。

このことから、今のまま変化をしなければ、確実に仕事の数自体が減少するのではないか？と考えることができます。

開業医や内科医の仕事も比較的にＡＩに代替しやすいといわれています。

例えば、来院した患者さんの状況をヒアリングして、体温、心音、のどを確認します。そして、その症状から判断して薬の処方をします。もし、花粉症、ノロウイルス、インフルエンザのように検査の必要性がある場合は、院内で検査をしたのちに、その結果に合わせて薬を処方します。

また、大きな病院での検査や治療が必要だと判断した場合は、紹介状を書き、大学病院などの専門医に見てもらうよう指示をします。

これらの仕事であれば、患者さんの処置をする看護師が職場にいてくれれば、医者ではなくＡＩで十分に対応可能です。ＡＩであれば、日々発表される論文やたくさんの症例を常にインプットすることができるので、難病やなかなか発見することのできないような症例も、初期段階で見抜く可能性も上がるのではないでしょうか。

「人間」だからこそできる仕事

このように、弁護士や開業医で考えても、大きな変化が訪れますが、ホワイトカラーや銀行員と違い、今すぐに仕事が激減するわけではありません。ＡＩには感情表現や相手の感情をくみ取り、臨機応変に対応する、ということが、まだまだ難しいからです。弁護士の依頼者や、難病や重病を抱えた患者の感情に寄り添ったフィードバックができるのは、人間だけです。

少し話はそれますが、整骨院業界においても、とくにここ数年で大きな変化が訪れました。日本全国の整骨院の数がついに約5万件に達しました。これは全国のコンビニエンスストアの数と同等かそれ以上の数です。整骨院数の増加に伴い、1院あたりの患者数は当然ながら減少傾向にあります。

また、それに加えて、介護施設や整形外科に流れてしまう患者も増えているため、新規患者数だけみても、ここ数年の間に従来の半分ほどに減少しています。

そのような状況の中、患者数が数年前の十分の一以下になってしまい廃業を余儀なくされた院もあれば、その逆に全国で２００院も展開するような、大所帯のグループ院もあります。では、この違いはいったい何なのか？

その答えは単純で、「今の世の中の流れに合わせて変化できたかどうか」です。

ひと昔前までは、腕が良ければ無口で不愛想だったとしても、患者はリピートしましたし、特に広告を出さなくても、ある程度の新規患者数は確保できていました。

しかし、たった15年の間に整骨院数は2倍となり、今では駅前や商店街を少し歩くと、5軒から多いところで10軒くらいの整骨院を目にします。

そうなると、当然、差別化を図らなければ、患者の確保は難しくなります。

どのターゲットに対して、どのようなコンセプトで、どのような施術やサービスを提供するのか。今までとは違い、より戦略的な整骨院の運営が必要不可欠となりました。

怪我をした患者が来院するのをジッと待ち続け、患者が来院したら施術をする、ではなく、ＷｅｂやＳＮＳを活用して新規患者を呼び込み、来院したら愛想よく接客し、丁寧な問診、患者のケガや症状に合わせた施術提案、施術、患者が納得する通院指導などなど、やるべきことがたくさん増えました。

今後もさらに競争は激化する一方なので、やるべきことはもっと増えると思います。このような流れに適応できない整骨院は、残念ながら、どんどん淘汰されてしまいます。

ここで話を戻しますが、いつの時代も業種も関係なく、変化を拒む人、時代の流れに適応できない人は淘汰されていきます。

これからのＡＩが進化した新時代では、どのようにＡＩを駆使すれば、さらなる価値を提供できるか、さらに大勢の顧客の満足度を上げることができるか、ということを考えて変化に適応できる「ビジネスパーソン」が、生き残っていくのではないでしょうか。

AI時代のサラリーマンの変化

むしろ強いつながりが重要になる人間関係

まず、金融機関のように「人が必要なくなる職場」では、RPAによって大量の仕事がなくなります。職場での仕事のポジションが激減したら何が起こるか。今まで10名で仕事をしていた部署では、半年後には8名、1年後には6名という具合に、数人ずつ社員が必要なくなります。これが1つの部署だけではなく、会社全体で起き始めます。すると各部署で毎年、何人削らなければならないか人事部から指示が入り、各部署の部長や課長レベルで、辞めてもらう人を決めていきます。

初期のリストラでは、当然ですが、職場であまり役に立っていない人がリストアップされます。

しかし、会社からさらにリストラを要求されると、能力が同じような人の中からリストラ対象者を選ばなければならなくなります。このようなプロセスの中で、どのような人が残っていくかというと、最終的には上司のお気に入り、仲間と呼べるような人間関係の人たちが組織に残っていくという現象が起きます。

外資系企業はもちろん、アメリカの企業は完全実力主義という環境のように感じますが、実はむしろその逆で、ボスに気に入られなければ組織の中での出世は望めないそうです。そのため、外資系企業では数名のグループが特定のボスの傘下に入って、強い結束を持った人間関係が出来上がっていきます。

そのボスが転職すると、そのグループだった人たちが、次々と同じ企業に転職していきます。

このような外資系企業で起きていることが、これからの日本の職場でも当たり前のようになっていくことが考えられます。

仕事がなくなり部下の数を減らしていかなければならない未来の組織においては、生き残りたいサラリーマンはボスと仲良くなることに必死になるのではないでしょうか。

また、その時代には、サラリーマンは芸能人のようになるかもしれません。

たとえば、どんなに才能があってネタが面白い芸人さんも、いくら努力をしたとしてもそれだけでは生きていけないという現実があります。

テレビの世界にはサラリーマン以上に良い仕事の数が少なく、売れるためにはテレビ番組のレギュラーになる必要があります。しかし、そのポジションは少ないため、チャンスも多くはありません。

そのため、先輩たちとのつきあいが重要になります。楽屋への挨拶はもちろん、招集がかかれば一目散に駆けつける。というような仕事以外の努力をすることで、顔を覚えてもらい、仕事を分けてもらえるようになります。

芸人さんだけではありません。役者、歌手、アイドルも同様に、少ないポジションを勝ち取るために努力しています。

私がベンチャー企業に勤めていたころも同様の事がありました。数少ない「課長」というポジションを勝ち取るために、部長の仕事終わりを待って食事に連れていってもらう、その回数を増やせば増やすほど可愛がられ、仕事でもチャンスを与えられる可能性が上がる、そしていつのまにか優遇されるようになる、という環境でした。当時の私はそのような「社内の営業」が不得意でしたし、かなりトゲトゲしかったこともあり、「課長代理」になるチャンスも「課長」になるチャンスも人より少なく、同じような成績のライバルの方が先に出世をしてしまい、非常に悔しい思いをしました。

このように、上司にいかに可愛がられるか、上司といかにプライベートを共有できるか、上司と一緒に過ごす時間が長いほど、組織の中で生き残れる可能性が上がる。そのような時代がもう目の間にやってきています。

ＡＩ時代に勝ち残る人の条件

ＡＩ時代に生き残るための４つの選択肢

では、これからのＡＩ時代で生き残るため、勝ち抜くためにはどのような選択をすべきなのでしょうか。また、どのような努力をするべきなのでしょうか。

私は大きく分けて４つの選択肢があると考えています。

1　これから著しく成長するであろう業界へ「転職」する
2　新しい分野の開拓、新しい技術やサービスを武器に「起業」する
3　ＡＩの進化による技術や商材を、「今の組織」のサービスとして応用する
4　業界問わず、どのような企業からも欲しいと思われる人材になる

まず、１つめの、どのような業界へ転職をするべきか、考えてみましょう。

答えは単純で、これからの時代に著しい成長を遂げるであろう企業を選択するという方法です。ＡＩやフィンテックを推進する「情報・インターネットサービス」、ロボティクス、ナノテクノロジー、ドローン、ＶＲ（仮想現実）、ブロックチェーンなど、これからの時代を切り

開く可能性の高い業界を選択すると良いと思います。

次に、2つめの、AIの進化に伴い、今はない新しい分野や、新しい技術やサービスを武器に起業するという方法について考えてみましょう。

私が2000年から約8年半勤めていたベンチャー企業は、もともとは中小企業に対してOA機器を販売する事業をしていましたが、パソコンやインターネットがより身近になり始めたころから、個人事業主や中小企業向けにホームページ制作やホームページをより簡単に更新管理できるソフトを提供するサービスを開始しました。

当時はまだ、それらのサービスを提供する事業者が少なく、競合が少なかったことと、インターネットの普及に伴い、インターネット関連事業が爆発的に伸びた時代背景もあり、短期間（サービス開始から約3年）のうちに信じられないスピードで急成長し、ジャスダックに上場しました。

その企業の創業者は、元証券マンでしたので、インターネットやホームページ制作、管理ソフトの開発などの知識はまったくなく、システム構築などの知識もない、ITとは無縁の人でした。ただ、カリスマ性と行動力は、ずば抜けていたように感じます。

その他の企業を見ても、楽天の創業者の三木谷浩史氏は元銀行マンですし、ZOZO TOWNの創業者である前澤友作氏は元ミュージシャンです。

このように、大切なのはその業界の専門知識や経験ではなく、そのビジネスを通じてどのように未来を切り開いていくのか、強い信念とビジョンを持つことと、それを実現するための行動力が重要なのだと思います。

そのようなスキルや情熱を持っているのであれば、自らが起業して日本の未来を変えていくことを目指すのも一つの方法だと思います。

続いて、３つめの、ＡＩの進化による技術や商材を「今の組織」の新たなサービスとして応用する方法についてです。

たとえば、人手不足がなかなか解消できない農業において、ＡＩとＩＯＴとビックデータの活用により収穫の効率化を図る、という商材が実際にあります。

株式会社オプティムの『トマト収量予測』という商材で、トマトの映像をＡＩが解析して、食べごろと個数を判断します。これをハウス内に設置することで、「ハウスのどの場所に、あと何日ぐらいで収穫できるトマトが何グラムあるか」をリアルタイムに把握できるため、収穫の効率が上がり無駄も省けるというものです。

また、画像、色、形、大きさをＡＩに覚えさせることで、トマト以外の野菜や果物でも応用可能となり、病気や害虫の画像、食害痕の画像を読み込めば、害虫駆除にも応用できるそうです。

このように、ドラえもんの歌のように「あんなこといいな。できたらいいな」という、ひと昔前までは理想だったことが、科学技術がエクスポネンシャルに進歩することによって、スグに実現できる時代になるかもしれません。

たとえば、整骨院業界であれば、患者が来院した瞬間に、ＡＩが患者の体の動きを撮影して分析をします。それによって体のどこに問題を抱えていて、何が痛みの原因なのか。また、今は痛くなくても、今のような生活を続けることによって、この先、どのような痛みや症状が出る可能性があるのか。それを回避するためには、どのような運動をすべきか。体のどの部分を具体的にどのように動かすことで予防ができるのか、ということが可視化できると、患者の安心感も納得感も増します。

そして、来院の回数を重ねるごとに、自分の体の変化が見えるようになれば、通院指導もしやすくなります。

私がやっている研修業界であれば、研修とVRとAIを掛け合わせることによって、研修講師も受講者も、わざわざ研修会場に足を運ぶ必要がなくなります。

受講者全員が共通して受講する研修に加えて、受講者一人ひとりの能力に合わせたロールプレイングも実施できます。年齢、性別、職種、職位、仕事の役割、コミュニケーションスタイルなどを事前に分析し、実際にロールプレイングを数回実施します。AIはそれを通じて受講者の強みや弱みを把握し、受講者のレベルを引き上げるための方法を計算し、回数を重ねるごとにどんどんブラッシュアップさせていくことができます。

アプローチ、ヒアリング、提案、クロージングなどの営業プロセスにおいて、アプローチとヒアリング能力のズバ抜けて高い営業マンと、提案力とクロージング力の高い営業マンを選別してチームを組み、彼らの能力を最大化させるための営業ツールを持たせることによって、より生産性の高い組織を作ることができます。

また、受講者の目の動きや脳波から、受講者が集中して受講できているか、集中力が続く時間などを計測し、受講者に合わせた研修プログラムを組み立てることも簡単にできるようになります。

医療業界であれば、ナノテクノロジーの進化によって、自分の骨や臓器を作成し、ストックしておくことができれば、病気や老化によって機能が低下したとしても、いつでも交換できるようになります。自分の細胞から作成しているので、拒絶反応などの心配もありません。

このように、顧客に対して「どのような価値を提供することで、大きな感動を与えることができるか」という視点で物事を考えることによって、どんどん新しいモノを生み出すことが可能な世の中になっていきます。

また、そのような価値の高い商材を、今所属している組織で提供できるようになれば、世の中は日に日によくなりますし、自社の売上・利益も増加します。それが自身の評価や待遇、働き甲斐にもつながっていくのではないでしょうか。

最後に4つめの「業界問わず、どのような企業からも欲しいと思われる人材になる」についてです。

ＡＩの進化に伴い、人間に代わってＡＩが活躍する場が増えていくことは確実ですが、現段階でＡＩが絶対に人間に勝てないのが、コミュニケーション能力です。

たとえば、相手から共感を得る、相手の心を揺さぶる、他人と心を通わせる、他人を動かす、というような「人の心に働きかけ、人の心を動かす」仕事は、最低でも十数年はＡＩに奪われることはないと言われています。

つまり、人間にしかできない能力であるコミュニケーション能力を強みとして活かすことで、これからの社会で活躍する、ということです。

コミュニケーション力をどのように強みとして活かすかというと、若手でいえば、教えたことはスグに吸収できる「のみ込みの早い部下」、こちらが何を伝えたいか、何を言わんとしているかなどを「先回りして考えられる部下」になることです。

管理者であれば、多種多様な価値観を持った「若手社員を惹きつけることのできる先輩・上司」、組織を自らの背中で引っ張るような「リーダーシップのある上司」、正規雇用、非正規雇用問わず、多くの人をまとめることのできる「理想の上司」になることです。

このような強みを持つ人材が、今もっとも多くの企業が欲しがっている「幹部人材」であり、多くの企業においても、今一番不足している人材であるといえます。

多様性の時代に求められる「正しいコミュニケーション力」

かつての昭和の大企業のように、終身雇用の正社員で構成されていれば、リーダーシップのない管理職者であっても組織を動かすことはできました。年功序列という文化の中では、どんなに能力の低い上司であろうが、上司は上司。仕事において不足があれば、その不足分は部下が全力でバックアップしてくれました。

　しかし、バブル崩壊後に終身雇用や年功序列という文化はなくなり、実力主義に代わりました。そして現在は、実力主義とは真逆の「新世代」の時代になりました。

　新世代は「努力」「根性」「頑張る」という文化ではなく、「好きなことをやる」「得意なことをやる」「嫌いなことはやらない」という考え方が多く、「会社に尽くす」「会社と共に生きていく」ではなく、「好きなことを仕事に」「会社に属さず、個人で稼ぐ」という思考です。そのため、正規雇用を望まない人も増えています。

　また、正規雇用のサラリーマンも、決して会社への帰属意識が高いとはいえません。

　一人ひとりの働く意欲の差、仕事に対するモチベーションの差など、今まで以上に多種多様な価値観を持った人たちを束ねることのできる、一人ひとりのやる気スイッチの場所を早い

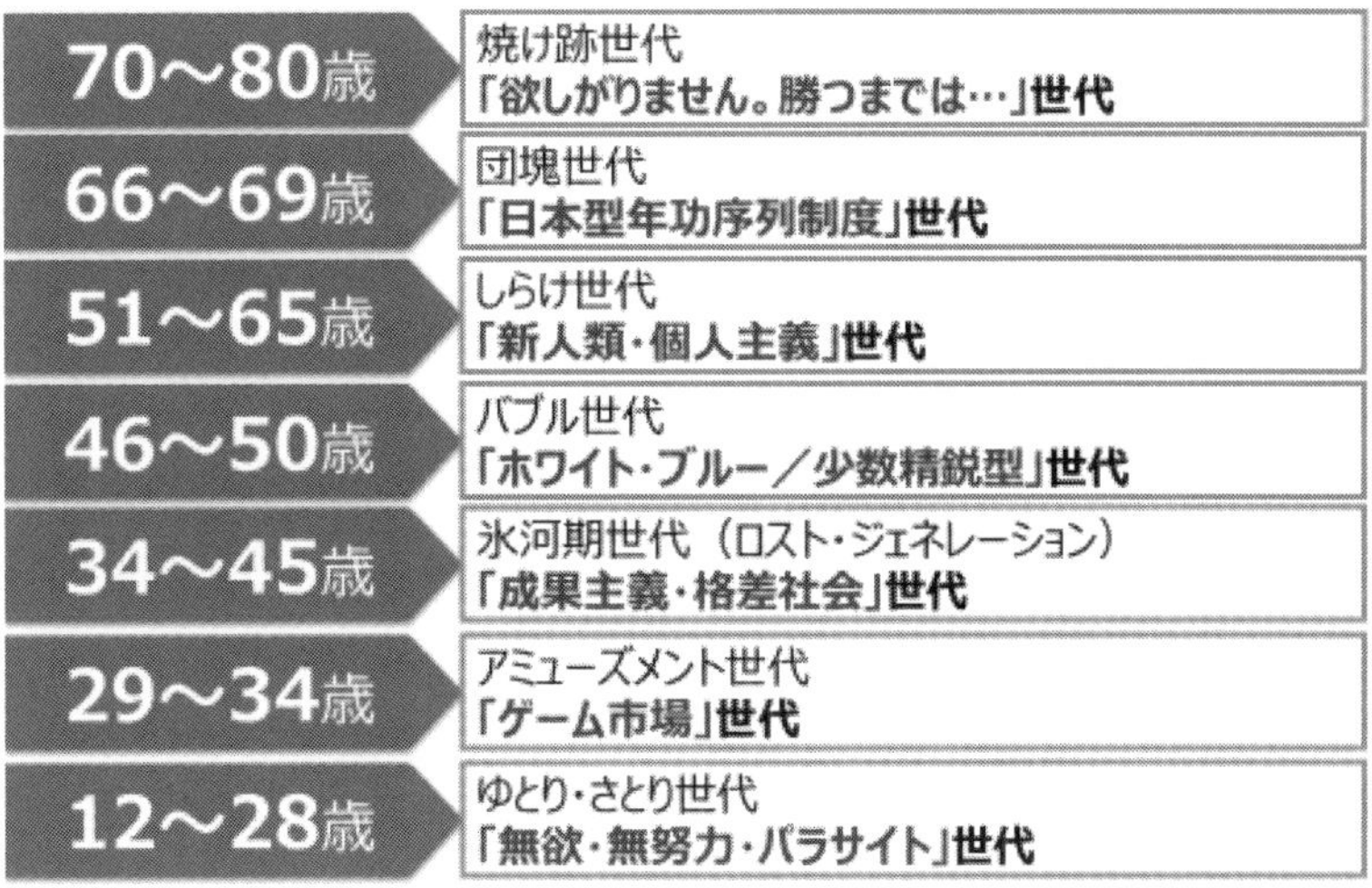

年齢	世代
70〜80歳	焼け跡世代 「欲しがりません。勝つまでは…」世代
66〜69歳	団塊世代 「日本型年功序列制度」世代
51〜65歳	しらけ世代 「新人類・個人主義」世代
46〜50歳	バブル世代 「ホワイト・ブルー／少数精鋭型」世代
34〜45歳	氷河期世代（ロスト・ジェネレーション） 「成果主義・格差社会」世代
29〜34歳	アミューズメント世代 「ゲーム市場」世代
12〜28歳	ゆとり・さとり世代 「無欲・無努力・パラサイト」世代

世代ごとの価値観の違い

段階で特定してバチっと押すことのできる能力が必要とされています。これからの管理職者は、このような能力がないと、組織や部門を引っ張っていくことはできません。

そのためには、「正しいコミュニケーション力」を磨くことが必要不可欠です。

また、ＡＩが進化して世の中が大きく変化しても、たとえ自分が属している会社が倒産したとても、新たなチャンスを勝ち取るために転職しても、日本の未来のために起業しても、どこに行っても、何をやっても成功することができる人材になります。

不思議なことにそういう人の周囲には、いつの間にか自分にとって頼りになる、助け合える、共に成長できる、お互いに良い影響を与え合える、そんな人たちが集まってきます。それにより、毎日が楽しい、確実に日々成長できる、周囲に心から感謝のできる、毎日が幸せだと実感することのできる「心の豊かな人」になるのだと思います。

「無口・理屈っぽい人」のトリセツ

論理や根拠を重視し、自分が納得しないと動かないという意志の固いタイプです。あまり感情が表に出ないため、興味あるか分かりづらいですが、自分にとって有益、興味を持てると感じたら、とことん取り組みます。

そのため、相手が何を気にしているのかを把握し、それに応じた情報を提供するとよいでしょう。メリットだけでなくデメリットも共有したり、数値化したデータ(科学的根拠や事実)を提供するなど、比較検討しやすいように情報を提供し、筋道を立てて話をすると安心感を持ってもらい易いです。

感情的な対応はNGです。

ポイント！

- しっかり準備をする。
- 選択肢を用意する。
- 質問の意図を明確にする。
- 考える余地を与える。
- 決してせかさない。
- メリット/デメリットの提示をする。
- こちらが先に結論を出さないこと！
- 考え方を褒める。
- 感情的な対応はNG
- 網羅性がなかったり考えが浅いと×

第三章

■新時代に求められるマネージメントとは■

時代の流れとともに変化する価値観

世代と価値観

私は1980年2月生まれなので、もうすぐ40歳になります。高校を卒業してスグに社会に出たので、今年で社会人23年目に突入しました。この20数年の間に社会は大きく変化し、その変化に合わせて価値観も大きく変化しています。

その変化をリアルに表現しているのが、リゲインという栄養ドリンクのテレビCMです。1985年のバブル崩壊直前には「24時間戦えますか?」というフレーズで、気合と根性で「長時間働いてなんぼ」という当時の価値観を表わしていましたが、2014年には、「24時間戦うのはしんどい! 3~4時間戦えますか?」に大きく変化しました。

このように、その時代の価値観に合わせてCMの内容やキャッチフレーズも変化させているためか、とても印象に残っています。会社の飲み会の後、カラオケでよく歌った記憶があります。

この社会の変化に伴う価値観の変化を、もう少し詳しく見てみましょう。

終戦後、ようやく日本も落ち着きを取り戻したころ、第一次ベビーブームに生まれた「団塊世代」が社会に出てきました。この当時は終身雇用が当たり前の時代でした。歳をとるにつれて役職や給与が上がっていく、年功序列の文化の始まりです。

ここから約数十年は、会社に属して働いていれば、年々賃金が上昇し、生活は豊かになり続ける、という時代が続きました。会社からの恩恵を十分に受けることができたため、会社に尽くし、会社とともに生きていくという働き方が根づきました。

この時期には、製品を生産するため、均一の労働力が必要でした。そのため、平均的な人材が求められ、「努力」や「根性」、「とにかく頑張る」という精神が求められました。学校教育においては、こういった人材を育てる教育が行なわれました。

このように、とにかく努力と根性で頑張る、という精神論が土台となり、「会社に尽くし、会社とともに生きる」というのが、この当時の価値観だといえます。

それからしばらくすると、転職という概念が一般化し、徐々に終身雇用が崩れ始めました。年齢が若くても、社歴が短かったとしても、能力次第で追い抜くことが可能な時代になりました。そのため、能力次第で所得に差が生じ始めた時代でもあります。

そしてバブル景気全盛期を迎えると、「高学歴」「高収入」「高身長」の頭文字をとった俗語である「三高」という言葉が生まれました。

当時の女性が、結婚相手の男性に求める条件として使われていた言葉ですが、こんな三拍子の揃ったビジネスマンがいれば、今の時代でも十分にモテそうですね。

このころから、さらに所得格差が出てきました。今までと違い、大手企業でも倒産する時代になったため、さらに個人の能力が問われる時代となり、「能力主義」という文化に変化し始めました。

仕事量も多く、長時間の労働を余儀なくされた時代背景もあり「自分の成長のために働く」という価値観が定着しました。

そしてバブル崩壊後の就職氷河期が到来します。当然ですが不景気なので新卒者にとっては非常に困難な時代でした。

このころには、終身雇用や年功序列という概念などはなく、とにかく「成果」を求められました。ダラダラ遅くまで働いても評価はされず、常に成果を求められる環境に変化しました。

この時代に入社した世代は「辞めれば次に行く会社がない」「成果を上げなければクビになる」という概念を強く持っていました。

私が社会に出たのがちょうどこの時期でした。当時20歳で、完全実力主義。学歴などまったく関係ありません、という言葉に感化され、ベンチャー企業に入社をしました。入社してから2年後、課長に昇進したころに、私の同級生である就職氷河期世代が新卒として入社してきました。完全実力主義のベンチャー企業での新卒と課長では、とても大きな差です。その当時は、この死に物狂いで頑張った2年間は無駄ではなかった、という、何ともいえない自己肯定感が沸き上がったのを今でも覚えています。

それからしばらくすると、「アミューズメント世代」と呼ばれる、長期間での目標達成には意欲が沸かず、短期間での目標を達成していくことでやる気が醸成されていく世代が社会に出てきました。ロールプレイングゲームのように、少しずつ小さなキャラを倒していき、最後にボスキャラを倒す、というように、短期的な目標をクリアしていくことが、自己の成長につながる、といった考え方が根づいた世代です。

しんどい思いはしたくない、つらい仕事はしたくない、仕事はおもしろくなければ、という価値観に変化しました。

そのころから採用活動においては、「仕事のやりがい」が重要視されるようになりました。

そしてさらに10年ほど経過すると、「ゆとり・さとり世代」と呼ばれる、競争することに強いストレスを感じる、いわば「新世代」が社会に出てきました。

このころにはワークライフバランスも一般化してきました。そして、仕事とは、プライベートを充実するためのもの、という価値観が生まれました。

人生において重要なのは、お金でも仕事でもなく、自分自身が幸せであると感じること。プライベートを犠牲にしてまで仕事に時間を費やすのはあり得ない、という価値観です。

また、責任のある仕事を嫌う傾向も強くなっています。管理職になるよりも給与は低くていいからプライベートを充実した人生を送りたい、という考え方の人が多いのが特徴です。全体的に主体性がない世代だともいわれています。


このように世代によって、価値観は大きく異なります。

注目すべきは私と同年代である就職氷河期世代を境目に、働く価値観が大きく変化しているところです。今の時代、多くの管理職は就職氷河期世代以上、部下はアミューズメント世代以降と、上司と部下でまったく正反対の価値観を持っていることが分かります。

これが原因となり、上司は部下の価値観を理解できない、部下も上司の言っていることに賛同できない、というミスマッチが生まれてしまっています。

しかし、だからと言って、「最近の若者は……」と愚痴をこぼしていても仕方ありません。価値観が大きく異なるのであれば、まずそれを受け入れたうえで、これからの時代に合わせて、自身のマネジメントスタイルを変化させる必要があります。

これから求められるマネージメントとは

マネージャーに求められる力

そもそもマネージメントとは、直訳すると「経営」「管理」などを表わす言葉です。具体的には「評価・分析・選択・改善・回避・統合・計画・調整・指揮・統制・組織化」などさまざまですが、シンプルに考えると、「さまざまな資源・資産・リスクを管理し、組織の目標を継続して達成し続ける手法」です。

ちなみに、アメリカの経営学者P・F・ドラッカーは、マネージメントを「組織に成果をあげさせるための道具、機能、機関」と、著書の中で定義しています。

マネージメントを実際に遂行する人を、マネージャーと呼びますが、ドラッカーはこのマネージャーについて「組織の成果に責任を持つ者」と定義しています。

具体的には、「組織の目標を設定し、組織を作り、部下と適切なコミュニケーションをはかり、動機付けをし、適正な評価をし、人材を育成する」という使命を持った役職だといえます。

部下のモチベーションアップもマネージャーの仕事だと勘違いしている人がたまにいますが、厳密にいうとそれは間違いです。

	マネージャー(管理者)	リーダー
基本姿勢	【受動的】 課題目標が組織から与えられる	【能動的】 自ら課題・目標・ビジョンを形成する
	業務・組織の運営/管理者	業務・組織の革新者
主な役割	・計画の立案 ・予算設定(経営資源の配分)	・方向(ビジョン)を定める ・戦略の立案
	組織化と配置 ・組織を作り、適材適所の人員配置 ・権限委譲と責任の明確化 ・仕組みづくり	ベクトル合わせ ・ビジョンに共鳴するチームを作る ・言行一致で方向性を伝える ・メンバーを信頼する
	コントロールと問題解決 ・進捗確認 ・計画からの逸脱を発見したら、解決策を計画、組織化する	動機づけと鼓舞 ・組織のメンバーに承認を与える ・障害や組織の壁を乗り越えるべく、人材を勇気づける
関心	戦術・結果・効率・改善	戦略・プロセス・革新・創造
	上司の期待と評価	組織の発展とメンバーの成長
武器	「能力」+「権限」	「能力」+「人間力」+「ビジョン」

リーダーとマネージャーの違い

日々の仕事を通じて、部下の動機づけをして、定期的な面談などで、適正な評価、フィードバックをすることで、部下のモチベーションはあとから勝手についてきます。

上司は自分に期待をしてくれている、上司は適正に評価してくれている、自分は確実に成長できている、という気持ちにさせることで、部下は自ら成長しようと努力し続けます。

部下のモチベーションが低く、離職率が高い組織は、マネージャーに原因がある場合がほとんどです。

これからの新時代の会社組織においては、従来の「マネージメント=管理」ではなく、強いリーダーシップがマネージャーに求められます。

リーダーシップとは、一言で表すと「統率力」であり組織を率いる能力。具体的には、「自らが率先して行動する。将来のビジョンを持って部下を先導する」という役割です。

管理業務はＡＩに任せればよい

ここ最近は、働き方改革などの時代の流れもあり、業務の効率化を図る企業の動きが広まってきました。仕事量そのものを減らすのは難しいため、代わりの労働力としてＡＩの活用が当たり前になってきました。

マネージャーの役割の中で、ヒトやカネなどの経営資源を配分する役割がありますが、たくさんの情報を分析し、瞬時に最適解を導き出すということは、人よりＡＩのほうが圧倒的に優れています。

また、定期的な経営会議で使用するデータのとりまとめや会議資料の作成なども、ＡＩを活用することによって、その多くを効率化することができるため、マネージャーは、それ以外の業務に使える時間が増えることになります。

コミュニケーション業務に時間を使う

相手から共感を得る、相手の心を揺さぶる、他人と心を通わせる、他人を動かす、というような「人の心に働きかけ、人の心を動かす」コミュニケーション能力を必要とする仕事は、最低でも十数年の間は、ＡＩには難しいと言われています。

これから来たる新時代には、価値観が大きく異なる新世代を中心に、重要な労働力となる高齢者、帰属意識が決して高くない非正規雇用者など、組織内が、幅広い世代の、多種多様な価値観を持ったスタッフで溢れかえってくるでしょう。価値観が違えば、スタッフ同士の摩擦も生じます。

このような環境下においては、当然ながら、組織をまとめるためには、管理者であるマネージャーが、積極的に部下とコミュニケーションを図り、組織の最適化に努める必要があります。

効率的に教える努力を——「自分で考えろ」はもう古い

世の中全体が「効率」を求める時代の教え方

ひと昔前（私たち就職氷河期世代が入社したてのころから十数年の間）までは、上司からの指示に対して、何かわからないことがあっても、スグに質問することは許されませんでした。わからないことがあれば、まずは自分で調べる。どうしてもわからない時に初めて上司を頼ることが許されました。

与えられた仕事も同様に、指示を受けたら速やかに実行する、というのが当たり前でした。仮に、どんなに理不尽な指示であったとしても、どんなに非効率な命令であったとしても、指示を出された側は、文句も言わずに（どこかでグチは言っていましたが）その指示に従うのが当たり前とされてきました。

そして何か問題が起きた場合も、まずは自分で何とかする、というスタンスを求められていました。

しかし、ここ最近は世の中が大きく変化してきました。

モノは溢れかえっているため、「あって当たり前」。自宅から数分移動すればスーパーやコンビニがあり、簡単にモノが手に入ります。ポイントカードや会員証はアプリに変化しました。

インターネットで欲しい商品をクリックするだけで、早ければその翌日には欲しい商品が手に入ります。モノだけではなく情報も同様です。知りたい情報はスマートフォンで検索するだけでスグに手に入ります。

このように、世の中自体が「効率」を求める時代になりました。

アミューズメント世代以下、とくに新世代は、こちら（上司）が出した指示が、理不尽な内容や、あからさまに非効率な内容だった場合、指示に従っているように見えても、そのうち忘れたフリ、忙しくて手がつけられなかったフリなど、次第に指示に従わなくなります。

また、しっかり筋の通った指示だったとしても、彼らの中で「腹落ちしていない」場合も同様のことが起きます。

仕事の指示だけではなく、スキルアップについても同様です。

仕事で成果を上げるためには、世の中の動向や、業界の最新情報を把握し、業界知識や販売スキルを高めるために努力する必要がありますが、新世代に対して「どのように成長すべきか、自分で考えて、計画を立てて実行しろ」はＮＧです。

例えるならゴルフと一緒なのかもしれません。

ひと昔前であれば、ゴルフを上達させるためには、ゴルフの専門誌を開いて、いろいろなプロの握り方、スイングを真似して試します。ゴルフコースに出た際も、上手い人を観て真似をしたり、助言をもとに試行錯誤を繰り返すことで、数年かけてようやく自分に合うスイングを身につけてきました。

でも今の時代は、そうではありません。

人それぞれに合う握り方、スイングをプロに教えてもらうことによって、より短期間、最低限の費用で上達することができます。空調の効いた室内で、実際の自分のスイングを観ながら、科学的に分析することも可能です。

今の自分の体に合うクラブを選定してもらうことによって、常にパフォーマンスを最大化することもできます。

しかも、ゴルフクラブやシューズ、グローブなどもレンタルできるので、会社帰りや空いた時間で効率よく練習することが可能です。

また、自己流だと、ある程度スコアが良くなると、いずれ頭打ちになりますが、しっかりとレッスンを受けていると、上達する度合いが、どこかのタイミングでさらに加速します。

ひと昔前の営業会社もそうでした。ワードで申し訳程度に作られた営業マニュアルやトークスクリプトを手に、深夜にロールプレイングを繰り返してはダメ出しをされ、毎日のように営業に行って、訪問した数だけ現場で学び、それが自分の糧になっていく。上司からは激しい叱咤はあるものの、具体的な指示があるわけではなく、自分で考えて行動し学ぶことを強いられる毎日を過ごしていました。当然、脱落者も大勢いました。

そんな環境でも努力をして成果を出せば、その分がダイレクトに給与に跳ね返ってくるため、それが正しいことだと信じて、営業という職種にプライドを持ち、毎日歯を食いしばって頑張る。今ではいい思い出ですが、ハッキリ言って旧石器時代です。現在では同じ手法は取れません。

これからは、部下それぞれの能力、特徴、コミュニケーションスタイルに合わせて、営業プロセスごとに、どの部分を、どのように改善することが必要なのか、顧客にとってより良い提案をするためには、どのような情報、どのような知識を頭に叩き込むべきなのか、どのような提案書を作成し、どのように使用するべきなのか、具体的に指示を出すことが望まれます。必要によっては、部下の目の前で実際にやって見せることも重要です。

このように「効率的」に教える努力をすることによって、部下の成長も早まりますし、成果も出やすくなります。

相手を受け入れ「承認」する

前項でもふれましたが、アミューズメント世代以下、とくに新世代は、こちら（上司）が出した指示が「腹落ちしていない」場合、指示に従っているように見えても、そのうち忘れたフリ、忙しくて手が付けられなかったフリなど、次第に指示に従わなくなり、人間関係がギクシャクし始め、最終的には、業務上必要な報告・連絡・相談すらしなくなる恐れがあります。

そのため、何よりまず、相手を受け入れ、認めてあげることが必要です。

彼らの主張に理解を示し、彼らの目線に立つことによって、彼らの考え方や判断基準を把握します。その上で、彼らが理解しやすい言葉や表現を用いることによって、こちらの意図を正確に伝えます。

たとえば、私がベンチャー企業に勤めていたころ、部下から業務命令に対する相談を受けた場合は、「うるせぇな。文句や言いたいことがあるなら数字をやってから言えよ。結果を出していない奴に発言権などねーよ。とりあえず死ぬ気でやれよ。人間そんなに簡単には死なねぇから」という感じでした。現代では完全にアウトですね。

しかし、上場企業に勤めていたころは「うんうん、そうだね。○○さんの言っていることは間違っていないと思うよ。正しいと思う。でもさ、相手の目線や立場で考えると、また違う可能性も見えてこない？　とりあえず私が一緒にやってみせるから、その結果を見て、また意見を聞かせてよ」というように変化しました。

部下に対しての指示や命令も、部下のレベルに合わせて内容も考えないといけません。指示だけでは完遂できないレベルであれば、どのようにすべきか、具体的な方法も提示します。方法を提示しただけではできない場合は、目の前で実際にやってみせる。というひと手間も必要になります。

私たちの世代では、仕事をする上で、出された指示や命令を１００パーセントこなすのは当たり前。１２０パーセントやって初めて褒められる。というのが常識でしたが、今は違います。部下の行動や取り組み姿勢の一つひとつを認めてあげる必要があり、結果だけではなく、プロセスを評価することも重要です。

たとえば、営業用の提案書の作成を命じたとします。私なら、指示を出す前に「忙しい中、大変申し訳ないのだけど」をつけ加えます。

そして、中間報告をさせる際には、その成果物を見た上で、「だいぶ進んでいるね。ありがとう。ここの表現はとても良いね」というように、まずは良いところを探し、いくつか褒めてから指摘に移ります。「でも全体的に顧客目線ではないような気がする。たとえば……」というように、どこに問題があり、具体的にどのように修正すべきかを示し、納期の再確認をします。

納期が近づいてきても、報告や相談がない場合は、こちらから進捗度合を確認します。納期に間に合いそうもない場合は、他の優秀な部下にお願いしたくなるのですが、グッとこらえて、可能な限り、作業の一部を私が手伝うようにします。

一緒に作成することによって、私の頭の中にあるイメージがより伝わります。また、一通りの作業をやってみせることによって、部下は自分自身との作業効率の差を体感できますし、どのように作業を進めることで効率が上がるのか、目の前で学ぶことができます。

最初のうちは何度かこのようなやり取りを繰り返しますが、次第に手伝うことは避けて、助言だけにしていきます。

提案書が完成したときには、心から感謝を込めて「ありがとう」と伝え、なぜこの提案書が素晴らしいのか、良い点をすべて具体的に褒めます。

最終的には、今回の作業で何を学んだか、次回以降は何を改善すべきかなど、作業を通じての学びを確認し、足りないことや、私が評価している点はなにか、具体的にフィードバックします。

一見、非効率に見えますが、具体的な指示を出し、実際にやってみせることで、次回以降の作業スピードや精度、成果物のレベルが向上します。

背中で「魅せて」やる気を引き出す

ひと昔前の会社組織と違い、ただ机に座って指示を出すだけでは、もう誰も聞いてくれなくなりました。

組織の数字目標を達成させるためには、必要に応じて、自分自身が先頭に立って営業に行き、実績を出す必要があります。そして、ただ商品やサービスを販売するだけではなく、顧客や営業先が抱えている課題に対しての具体的な改善策、先方が求める情報などを提供し、顧客ニーズや課題を解決するために、既存サービスの価値を上げる、新商品を生み出すというように、自らが率先して顧客価値を創造する、それを自ら背中で魅せる、ということが重要です。

その背中が、部下に大きな影響を与えます。上司の背中を見て、部下はどのようなビジネスマンになるべきか、今の自分に足りないものは何か、そうなるためにどう成長すべきか、次第に自ら考えて努力し始めます。

これが、比較的に受動的な人が多いといわれている新世代が、能動的に変化する瞬間です。

つまり、部下の本当のやる気スイッチを押ことができるかどうかは、上司次第だということになります。成果を出せない部下が多い部署は、部下の責任ではなく、上司の責任であるといえます。

このことから、従来の管理業務はＡＩを駆使することで効率化し、それによって空いた時間を活用して、現場を率いる優れたリーダーとして組織の中に入り込み、多種多様な価値観を持つビジネスマンたちを一つにまとめ上げて、自らが模範となって、部下の成長を促し、継続して成果を出し続ける強い組織を運営していく、ということが、これからのマネージャーに求められます。

世代間のギャップを埋める「正しいコミュニケーション」

新世代から「悟れ」――若者の思考と価値観

新世代は育った時代も環境も私たちとはまったく異なります。当然、価値観や判断基準も大きく異なります。新世代の多くは、仕事において「指示を待つ」傾向にあるため、積極性に欠けるようにみえてしまったり、物事に対して慎重であるがゆえに、チャレンジ精神が足りないようにみえてしまったり、プライベートを重要視するため、仕事に対してのやる気を感じないなどと、誤解されてしまいがちですが、超ベンチャー気質もいれば、就職氷河期世代と同じような気質もいます。とてもピュアで一生懸命で、能力もモチベーションも十分にあります。

大切なのは、これから社会の中心となる新世代と、決して上から目線ではないフラットな目線で、積極的にコミュニケーションを図り、彼らの特性を理解し、得意と苦手を見分けて能力を伸ばしていくことが、私たちの目指すべき姿勢なのだといえます。

必要なのは「ECM」を身につけること

私は今までさまざまな規模の企業、業種、職種のビジネスマンと接してきましたが、世代に関係なく、円滑にコミュニケーションを図ることができましたし、価値観のすり合わせも十分にできました。また、仕事だけではなく、プライベートをともにすることもありました。

私が整骨院の保険請求業務の代行をしていたとき、さまざまな商材やサービスの販売代理店をやっている会社の若手営業マンと知り合いました。まさに新世代の男性で、当時26歳でした。話の流れからウチの代理店もやってもらうことになったため、その代理店の若手営業マン向けに、営業資料の使い方の説明や、営業力強化のための研修をしたり、一緒に同行営業に行くなど、仕事を通じてコミュニケーションを取るうちに意気投合し、仕事だけではなく、プライベートもともにするようになりました。

ある日、「長くつき合っている彼女がいるのに、なかなか結婚に踏み切れない」と相談をうけたので、私の経験をもとに、結婚することの素晴らしさと、離婚することの大変さを伝えました。そこから、指輪を一緒に見に行き、プロポーズのタイミング、おススメの場所を提案したところ、トントン拍子に話が進み、それから間もなく結婚してしまいました。

それからは一緒に飲みに行くことが増え、お互いの家で料理をふるまう「おもてなし合戦」をするようになり、ついには私の自宅のすぐ近くに引っ越してきました。品川区に住んでいたにもかかわらず、わざわざ和光市に来てしまったことに、非常に驚きましたが、とてもうれしい気持ちにもなりました。今では、毎年夏に旅行に行くようになりました。

また、一部上場企業の新事業部拡大をしているとき、私の直属の部下だった、入社2年目の新世代の男性がいました。彼とは毎日のように営業同行をして、一緒に提案書の作成に取り組むなど、多いときは月の半分以上をともにしていました。

彼が素直で一生懸命に仕事に取り組んでいたこともあり、目まぐるしいほどの成長を遂げ、新規営業部門には、なくてはならない存在にまでなりました。

仕事のスタンスや考え方など、まだまだ未熟なところがあったため、厳しく注意したこともありましたが、その都度、改善してくれました。

今でも良好な関係を築いており、年に数回、一緒にゴルフに行ってワイワイ楽しんでいます。

新世代に対して、思考や価値観が違うからといって、コミュニケーションを図る前から苦手意識を持ってしまったり、意思の疎通に苦労をするであろう、という先入観を持ってしまう人が少なくないようですが、私は、それは勘違いや思い込みだと思います。

何か特別に気をつけることもありません。どの世代とも接し方は同じで、重要なのは「正しいコミュニケーション」を心がけるということと、「相手を理解しようとする姿勢」。ただそれだけです。

「正しいコミュニケーション」や「相手を理解しようとする姿勢」などを含めて、私は「ＥＣＭ」と呼んでいます。

「ＥＣＭ」とは「Essential communication method for everyone／エッセンシャル・コミュニケーション・メソッド」の略で、意味は「誰にとっても必要不可欠なコミュニケーションメソッド」です。

昭和の時代でも、平成の時代でも、これから来るＡＩが進化した新時代でも、いつの時代でも、どのような世代にも変わらずに通用するコミュニケーション、それが「ＥＣＭ」です。

「協調的・友好的な人」のトリセツ

不安を感じやすいタイプなので、安心感を与えることがポイントです。まずはこちらから、積極的に自己開示をして、相手の性格や考え方を褒める、評価している部分を具体的に伝えるとプラスです。

比較的に他人の顔色を見たり、優柔不断な部分があるので、決断を無理にせまると心が離れたり、大きなストレスを感じやすいので、「あなたの納得のいく選択をしてください。」というように、安心感を与えるよう心がける、「一緒に考えよう」というように、相手に共感を持って接するとプラスです。

ポイント！

- こちらから自己開示する。
- 親身、真摯な態度で接する。
- 結論を急がず一緒に考える。
- 性格を褒める。
- プロセスを褒める。
- 身の上話をして同情を引く。
- 仲良しグループに入れる。
- 結論を迫るとストレスを感じる。
- 真剣な態度が何より重要。
- いかにスペシャルかを強調する。
- 「最高クラスの AAA 評価」を受けたサービス
- 「あなただけ」の特別プラン

第四章
■「ＥＣＭ」とは何か■

優秀な人に共通する力

聞き上手な人

私は今までの経験から、初対面で相手に気に入られるにも、より短時間で相手から信頼を得るにも、価値観が異なる相手と上手くやるにも、世代に関係なく、より良い人間関係を構築するにも、販売や営業活動で成果を出すためにも、速やかにクレーム処理をするにも、恋愛を上手に進めるにも、楽しい結婚生活を送るにも、この「ＥＣＭ」に基づいて行動することで、高いレベルで実現できるということがわかりました。

だからといって「ＥＣＭ」は、とくに難しいことではありません。もちろん、最初は、かなり意識をして行動する必要はありますが、基本的には誰でも簡単にできる、当たり前のことばかりです。この、当り前のことを当たり前にやる、というのがとても重要なのです。

これを意識せずに自然とできている人は、世の中では「コミュニケーション力の高い人」や「優秀な営業パーソン」、「信頼できる上司」などと言われており、どのような業界でも関係なく、常に高いパフォーマンスを発揮しています。とても人望があるため、世代など関係なくさまざまな人が集まってきます。

その人たちに共通するのは「聞き上手」であることです。聞き上手というだけで、実はたくさんのメリットがあります。

たとえば、誰かと会話をする際、その相手の表情がとても硬くて、こちらが何を言っても、あまり反応が返ってこない場合、みなさんならどう思いますか？　もし私がその立場だったら、おそらく、途中で会話をするのをやめてしまうと思います。

その一方で、会話に合わせて、「うんうん」と、うなづいてくれたり、話の盛り上がるところで一緒に笑ってくれたりと、相手がしっかりとリアクションをとってくれると、話をする側は、とても話しやすくなります。

そして、その話の内容に対して、「うんうん、それすごくわかる」とか、「そうだよね、もし私ならホントに嫌になる。想像しただけで吐きそう」というように、話の内容を肯定、同調することによって、話をしている側は楽しくなってしまい、ついつい時間を忘れてたくさん話をしてしまうことがあります。

合コンや飲み会の場面では、容姿が優れている人や、とてもノリが良い人が人気を集めることがありますが、好き嫌いがわかれる場合があります。

しかし、「聞き上手」な人は、仮にそんなに容姿が優れていなくても、ノリが良くなくても、さまざまなタイプから好かれます。

このように「聞き上手」になることによって、話し相手にとっては「相談しやすい相手」「何でも話せるいい人」「一緒にいてとても面白い人」「自分に合う人」というプラスの印象を与えることができます。

結婚相談所や、婚活イベント等においても、「信頼できる友人」として仲良くなりたい、「大切なパートナー」として継続的におつき合いをしたいと、万人受けしやすいのは、実は「聞き上手」な人なのです。

「聞き上手」な仕事人になろう

これは販売活動においても同様で、「聞き上手」であることはとても重要です。

たとえば、新規営業のために企業を訪問した際、名刺交換をしていきなり「ぜひ、当社サービスを導入しましょう！」とクロージングをかける人はほとんどいないと思います。まずは、商談相手と軽く雑談を交わしながら、徐々に本題に入っていくことになるのですが、ここで営業の成果に大きな差が出てきます。

思うように成果の上がらない営業パーソンは、商談相手との雑談もほどほどに、早い段階で自社の商材・サービスの説明を始めてしまいます。ひととおり説明し終わると、今後は質疑応答タイムが始まります。そして、商談相手の質問に答えつつ、自社の商材・サービスの提案をします。おそらく商談相手はこの段階で、「早く帰らないかなぁ」とか「この商材はウチには合わないかもなぁ」と思い始めています。

そんなことはお構いなしに、クロージングに移ると、当然ですが、商談相手から「検討しておきますね」とNOに近い「検討」を言い渡されます。この状態になってしまうと、どんなに検討理由を深堀りしたとしても「ウチには合わないと思うんですよね」という、もうどうにもならない状態になってしまいます。

そして、この結果を上司に報告した場合、上司からこのような質問が返ってきます。なぜ検討になったのか、その具体的な理由は何なのか、それをどのように解決するのか、次回のアクションはいつなのか、他社との比較はあるのか、などなど……。

しかし営業内容が薄く、自社商材（商品・サービス）の説明しかできていないため、何を聞かれても答えようがありません。自分でも何がダメだったのか、いまいち理解できていない状態のため、営業方法を改善することができず、思うような成果が出せない状況が続きます。上司から信頼どころか、逆に不安にさせてしまいます。

このような状況では、商談相手も、上司も、営業した本人も、誰も得をしません。

成果を出し続ける営業パーソンの場合、名刺交換をした後に、商談相手との雑談を交わすまでは同様ですが、ここから違いが出てきます。雑談を交わしながら、商談相手はどのような情報を欲しがっているか、どのような課題を抱えているか、どのようなニーズがあるのかを把握しようとします。

しかし、いろいろ質問するわけにはいかないので、商談相手の話に合わせて「うんうん」と、うなづきます。そして、相手の話の内容や表情に合わせて一緒に笑ったり、つらそうな顔をしたりと、相手の感情に寄り添います。必要に応じて、「私もそう思います」とか「確かに、それはキツいですね。聞くだけで胃が痛いです」というように、商談相手の話の内容を肯定、同調します。

すると、商談相手は、次第に自ら情報を開示し始めます。自分のおかれている状況、組織内の課題や問題、それを解決するための情報を欲していること、それに関する予算、現在比較検討している企業やサービスなどなど……。

ある程度の情報がそろった段階で、今度は提案に移ります。提案といっても自社商材を説明するのではなく、商談相手の抱えている課題や問題の解決方法、同じ業界の企業がどのように取り組んでいるかの事例、それらを実現するための費用感など、商談相手の欲している情報を提供します。

商談相手のほうから「もしそれを御社にお願いするとした場合の費用感を教えてください」という流れなったら、ここで初めて自社商材の簡単な説明や費用をお伝えして、提案完了となります。

そして最後にクロージングに移ります。クロージングといっても「確認」がメインです。あと何社を比較するのか、導入する時期の目安、決裁者からGOが出やすい予算感、現時点で競争優位に立っている企業と、そのサービス内容や費用などを確認し、最終判断の日時を設定します（必要であれば次回訪問のアポイント）。

もう、ここまでくれば、予算が合わないという場合を除き、八割方は受注になると思います。この訪問結果を上司に報告した場合、上司は笑顔で迎えてくれるでしょう。もし質問があるとしたら、肌感覚での受注確度はどのくらいか、程度だと思います。

このように「聞き上手」は販売活動でも力を発揮します。たまに、自分は口下手だから接客は向いていない、とか、人見知りだから販売はできない、という人がいますが、口下手も人見知りもまったく関係はありません。「聞き上手」になるためには、話をする必要はありません。これは後で詳しく解説しますが、笑顔で接する(愛想を良く)相手の話にあわせてリアクションを取る、相手の話を肯定、同調する、これだけを完ぺきにするだけで、販売力は大きく向上します。

「提案力」や「クロージング力」が高いに越したことはありませんが、最も重要なのは「聞き上手」であること、つまり、「ヒアリング力」が最も重要であるといえます。

これは販売活動だけではなく、カウンセリング、クレーム対応、部下・上司との面談など、仕事におけるさまざまな場面で活用することができます。

コミュニケーション力は誰にでもある

「私、コミュニケーション力がないんです」はウソ

以前、私が設立したNPO法人で、結婚相談所やコミュニケーションの講座をやっていたとき、「私、コミュニケーション力がないので、恋愛すらできないんです」とか、「コミュニケーション力がないので、人並みのコミュニケーション力が欲しいです」というような「コミュニケーション力がないので身につけたい」という相談をたくさん受けてきましたが、そのたびに違和感を覚えていました。

どんなに口下手でも、人見知りでも、ご本人に確認してみると、自分の家族とは必ず円滑にコミュニケーションをとっているのです。

かなり口下手な人の場合は、ご家族の方が、何を言わんとしているのか、「相手を理解しようとする姿勢」で歩み寄ってくれているからこそ、会話が成立している場合もありますが、コミュニケーション力がないということにはなりません。

どのような人でも、コミュニケーション力を持って生まれています。その活かし方がわからないだけなのです。

コミュニケーションに関して悩みを抱えている人たちから相談を受けた場合は、ECMト

レーニングをお勧めしていました。

まずは、90分ほどのセミナーを受講していただくことで、「コミュニケーションとは何か」を正しく理解していただきます。その後、丸一日かけて本格的なトレーニングを実施していましたが、内容のほとんどは「ヒアリング力」が中心です。

このトレーニングを受講していただくことによって、要領の良い人であれば、スグに目に見えた効果がでてきますが、コミュニケーションに苦手意識のある人の場合は、意識しなくても自然にできるようになるためには、本気で取り組んでもらう必要があります。

その結果、まず人の話を聞く姿勢が変化します。表情も豊かになり、愛想が良くなります。そして、相手の話に対してのリアクションも大きくなり、相手の話に対しての肯定や同調が自然になってきますので、ハッキリ言って別人のように変化します。

第一章でも少しご紹介したとおり、２０１６年に開催された、さいたま婚活の参加者約３００名に対しても、ＥＣＭトレーニングの簡易版を実施しましたが、結果的に40組以上のカップルが成立し、そのうち5組がご成婚に至っていますので、効果はバッチリだといえます。

笑顔とビールで何とかなる――コミュニケーションの本質

これは極論にはなりますが、私が考えるに、コミュニケーションの本質として、言葉はそんなに重要ではないと思います。どんなに言葉が達者でも、感じが悪いヤツは世の中にたくさんいます。しかし、表情が豊かで愛想が良く、リアクションが大きければ、それだけで人に好かれやすくなります。

私は普段、関東よりも、その他の地域での仕事が多く、多いときは月の半分以上が出張となります。出張時はホテルに泊まるため料理ができないので、取引先の方々と食事に行くことがほとんどです。

せっかくの出張なので、各地のおいしいものを食べに行くのですが、おいしいものを食べるとスグに感動します。自分では気づいていないのですが、反射的に「これウマ！　最高！」「ナニコレ？　びっくりする、ホントおいしい！」というように、派手にリアクションをとっているようで、食事をご一緒させていただく人に、よく驚かれます。

どんなに気難しい顔をしている大将がいるお寿司屋さんでも、「おいしい、おいしい」と騒いでいると、次第に笑顔で話しかけてくれるようになり、大抵の場合「これ食べてみてよ」と言って、その店の看板メニューや、普段、あまり一見さんには出さないようなモノ、ときにはメニューには載っていないモノまでサービスで出してもらえます。おいしくない時は、素直においしくないと言うので、それはそれで驚かれることもありますが（笑）。

自分の家でも頑張れば再現できそうなモノを食べたときは、遠慮せずにそのレシピや隠し味を聞いてしまうのですが、ほとんどの場合、快く教えてもらえます。

せっかく教えてもらったレシピは、家に帰ってスグに再現してみます。そして完成したら写真に撮り、感謝を添えて画像をお送りしています。

気がついたらこの数年間で、料理の腕が飛躍的に上がっていました。今では得意料理は何かと聞かれると、答えるのが難しいくらい料理が上手くなりました。

最近は減りましたが、少し前までは、仕事の合間に一人で海外に行っていました。私はまったくと言っていいほど英語が話せないのですが、あまり不自由に感じたことはありません。現地について飲食店でおいしいものを食べて、いつもどおりのリアクションをとって、笑顔でビールを飲んでいると、大抵の場合、向こうから話しかけてきます。

中学生のときに習った程度の単語しかわからないので、言葉がわからない場合は、日本語とジェスチャーや表情で伝えるよう努力していますが、ほとんど伝わりますし、一緒に飲んでいるうちに、いつの間にか日本語が話せる人を呼んでくれるので、あまり困りません。

旅行初日に誰かしらと意気投合するので、２日め以降はとても賑やかになります。観光に行きたいと言えば、誰かが車を出して案内してくれます。感謝の意を伝えるために、最低でも食事くらいはご馳走しますが、車とガイドを引き受けてくれるので安いもんです。

このように、国内でも、海外でも同じです。笑顔で接する（愛想を良く）、相手の話に合わせてリアクションをとる（海外ではとくに大きなリアクションが大切）、相手の話を肯定、同調する、これを完ぺきにすることで、とても充実した楽しい時間を過ごすことができます。

話は変わりますが、みなさんは「和顔施」という言葉はご存知でしょうか。

元々仏教では、「布施」は慈悲の心をもって他人に財物などを施す、六波羅蜜《ろくはらみつ》と呼ばれる、悟りを求める菩薩の6つの実践徳目の一つといわれていますが、本来それだけを示す言葉ではありません。

お布施には、知恵や財力がなくても、見返りを求めることなく善行を行なうことで、よい運を授かり、幸福がもたらされるといわれる「無財の七施」というものがあり、「和顔施」はそのうちの一つです。

和顔施（和顔悦色施《わがんえつしきせ》）
いつも和やかに、おだやかな顔つきをもって人に対すること

このように和顔施とは、なごやかな顔でほほえみを与えること。

やさしい微笑みをもって人に接する、楽しそうに笑っている人の顔を見ていると、自分も楽しくなって笑顔がこぼれることがあります。笑顔は雰囲気を和らげ、気持ちを優しく明るくしてくれます。

このように笑顔とは、今すぐに誰にでもできる「施し」であり、人と人とのコミュニケーションの原点でもあります。

この、誰にでもできる笑顔にこそ、すべてが詰まっていると思います。人と接すときには笑

顔で接する。これは子どものときから教えられてきた当たり前のことですが、常に笑顔ができている人は、意外と少ないのではないでしょうか。

ひと皮むける「ＥＣＭ」トレーニング

ビジネスにおいて、お金をもらっている以上、給与をもらっている以上、必ず成果が求められます。その成果を出すためには「プロ意識」を持つことが必要不可欠です。仕事においてのプロに必要な条件とは、当たり前のことを当たり前にすることです。これができなければ、いかに高い技術があったとしても、評価はされません。

たとえば、高い能力を持っていたとしても、時間を守らない、平気で嘘をつく、約束を破る、という人は、評価どころか信頼を失ってしまいます。

人と差をつけるのは高い能力ではなく、この「当たり前のことを当たり前にやる」の力なのです。

今までさまざまな業種の数百人の新世代に対して、このＥＣＭトレーニングを実施しましたが、おかげさまで好評を得てきました。

私の直属の部下に対しても、このＥＣＭトレーニングを行なうことによって、目に見えて大きな成果を出すことができました。

最近ではこのＥＣＭトレーニングを、さまざまなコンテンツを組み合わせて、新人研修、接客力向上研修、営業力強化研修、管理者向けのマネージメント研修などなど、新たな研修コンテンツとして提供しています。

次章で、この「ＥＣＭ」について書きますので、社会に出て間もない新人、まだ思うような成果を出すことができていない販売職、部下の育成にイマイチ自信を持てていない管理職者は、ぜひ、今後のヒントにしていただけると幸いです。

「行動的・せっかちな人」のトリセツ

合理的な考えの持ち主。結果を重視し、無駄なことを嫌います。そのため、会話の際は結論から先に伝え、そのあとに理由や具体例を順序立てて話す。というように相手の知りたいことに対して端的に答えるとプラスです。

あまり感情(表情)は表に出さず、早口で淡々と自分の意見を言う傾向があり、せっかちで負けず嫌い。自信を持っている人が多いのでプライドを傷つけないように配慮が必要です。

ポイント！

- 前置きは短く。
- 無駄を省く。
- 単刀直入にポイントをつく。
- 背景を確認する。
- 結果を褒める。
- 締め切りを守る
- 結果を（コミット）断言する
- 指示に従う（やり遂げる）
- いじると意外と喜ぶ
- ネガティブな反応は×
- 前置きが長いと×
- メリットがあれば多少のリスクはOK

第五章

■たった数分で信頼を得られる方法■

前提として必要な3つの要素

みなさんは、たった数分のやり取りで、商談相手から信頼を得られていますか？

これは、いつも研修の際に必ず投げかける質問ですが、自信を持って挙手をしてくれる受講者は、全体の2割もいません。

販売活動をする場合、「はじめまして」から信頼を得るまでにかかる時間は非常に重要です。そもそも信頼できない相手の情報など頭に残りませんし、信頼できない相手からモノやサービスを買おうとは思いません。

相手から信頼を得るスピードが速い人ほど、販売する能力が高いといえます。

商談相手から、早い段階で信頼を得るためには、まず、売上（受注率）向上のために必要な３つの要素を知っておく必要があります。それが、

・考え方（相手に貢献する気持ち）
・知識（課題の解決方法やモノやサービスの活用方法など）
・スキル（他社との差別化を図る）

です。この３つの要素のうち、一つでも欠けてしまうと、売れる可能性が大きく低下してしまいます。

この３つの中で最も重要なのが「考え方」です。たとえどんなに知識があり、どんなにスキ

売上（受注率）向上に必要な３つの要素

①考え方（相手に貢献する気持ち）
②知　識（課題解決や活用方法）
③スキル（他社との差別化を図る）

何か１つでも欠けてしまうと
売れる可能性が大きく低下してしまう！

売上向上に必要な３つの要素

ルが高くても、この考え方が大きくズレていると、モノが売れるどころか、企業としてはリスクを伴います。

たとえば、相手に貢献する気持ちを持った営業パーソンが販売活動を行なった場合、たとえ知識やスキルが足りなかったとしても、商談相手からすれば、大したリスクになりません。場合によっては「不器用だけど、こちらの事を思って親身に対応してくれようとしているんだなぁ」と、好感を持ってもらえるかもしれません。

その一方で、業界知識や、商品・サービスの活用事例など、知識や経験が豊富な営業パーソンが、圧倒的な営業スキルで詐欺行為をした場合、おそらく瞬間的な売上は上がってしまうので、企業としては大きなリスクを負うことになります。

これはとても極端な例ですが、「考え方」

ひとつで、結果は大きく変わるということがおわかりいただけると思います。

ではこの3つの要素について、細かくみていきましょう。

まず、「考え方」について。大前提として「まずは相手に貢献する」ということです。具体的にどのようなことかというと「真摯な対応を心がける」「とにかく親身になって聞く」「現状の不満、課題、ニーズを見つけ出す」ということです。

商談となると、ついつい、自社商材の説明や、トークスクリプトどおりに話したくなりますが、とにかくモノを売るトークは後回しです。まずは「目の前の相手に貢献するためには、何をしてあげれば喜ぶだろう？」という気持ちで接することで、商談相手の状況や、今必要としていることが、自然と見えてきます。

次に「知識」については、「商品に関する知識をつける」「商品を導入するメリットを提案する」「商品の活用方法や活用シーンを提案する」ということが必要です。商談相手は、商材自体のことを知ってはいても、具体的な活用法や活用シーンまでは考えていません。当然ですが、自社商材の特徴や導入事例だけではなく、同業他社が取り扱う商材と比較した際の、自社の優位性も理解しておく必要があります。

続いて3つめの「スキル」について。これは競合他社との差別化を図るために必要な、コミュニケーション力を磨くことを指します。

具体的には「話を掘り下げる力を磨く」「声のトーンやスピードを意識する」「相手に合わせて変化させる」などです。

話をするときはゆっくりていねいに、なんて言われることがありますが、それは間違いです。もちろん、間をあける、声の強弱をつける、など、相手により伝わるような工夫は必要ですが、重要なのは「相手のコミュニケーションスタイルに合わせる」ということです。

たとえば、せっかちな人に対して、ゆっくりていねいに話をすると、相手は「じれったい」と感じてしまい、最後まで話を聞いてもらえません。そのため、常に結論から伝えるよう意識をし、細かな説明が必要な場合もダラダラ話さずに、要点を簡潔に伝えるよう心がける必要があります。

その一方で、おっとりとした優しい雰囲気の人に対しては、ゆっくりと穏やかな口調を心がける必要があります。早い口調でテンポよく話を進めてしまうと、「早口でまくしたてられている」という印象を与える可能性があります。

最も重要なのは「傾聴力」

初対面でもそうでない場合でも、望ましいコミュニケーションの順序は、次の①から⑤のとおりです。とくに、①の「笑顔でハキハキ」と、②の「オーバーリアクション」は、一般的に「傾聴」と言われるスキルであり、この中でも最も重要です。

コミュニケーションの基本①

①笑顔でハキハキ！
②オーバーリアクション
（①②：傾聴スキル）
③相手に話をさせる（7～8割は相手）
④相手の話を肯定・同調する
⑤相手が喜びそうな情報を与える

どのような場面でも①～⑤の順。
①と②（傾聴スキル）は最も重要！

コミュニケーションの基本①

①笑顔でハキハキする
②オーバーリアクションを心がける
③相手に話をさせる（7〜8割は相手）
④相手の話を肯定・同調する
⑤相手が喜びそうな情報を与える

たとえば、自分が一生懸命に話をしているときに、目の前の相手が無関心に見えた場合、みなさんはどのような気持ちになるでしょうか。おそらく1分も持たないうちに、その話題を変えるか、話をする気自体が失せてしまい、黙ってしまうかもしれません。

自分が聞き手にまわったときの、実際のリアクションを動画に取ると、かなり衝撃を受けます。自分で思っている以上に、リアクションが薄い、または顔が怖くて感じが悪い、ということに気がつきます。

販売職には相手の購買意欲をかき立て、購買するために背中を押してあげる役割があります。それなのに、相手の話に対してのリアクションが薄い、表情が硬いために悪い印象を与えてしまう、ということがあっては話になりません。

自然な笑顔で、多少オーバー気味なリアクションを取るくらいが、相手にとってはちょうどよく見えるのです。

傾聴がしっかりできていれば、自然と相手の口数は増えます。その話をしっかりと肯定し、同調することによって、たくさんの情報を聞き出すことができます。

あとは得られた情報から、相手が必要としている情報、商品、サービスを提供することによって、相手から喜ばれ「ありがとう」と感謝の言葉をいただくことができます。

この「ありがとう」の度合いが大きければ大きいほど、高価な商品やサービスが販売できる可能性が上がります。

メラビアンの法則

ご存知の方も多いと思いますが「メラビアンの法則」というものがあります。これは、1971年にアメリカで提唱された概念で、話し手が聞き手に与える影響について「言語情報」「聴覚情報」「視覚情報」それぞれの観点から数値化したものです。

言語情報とは、話し手が発する言葉そのものの意味や、話の内容のことを指します。この言

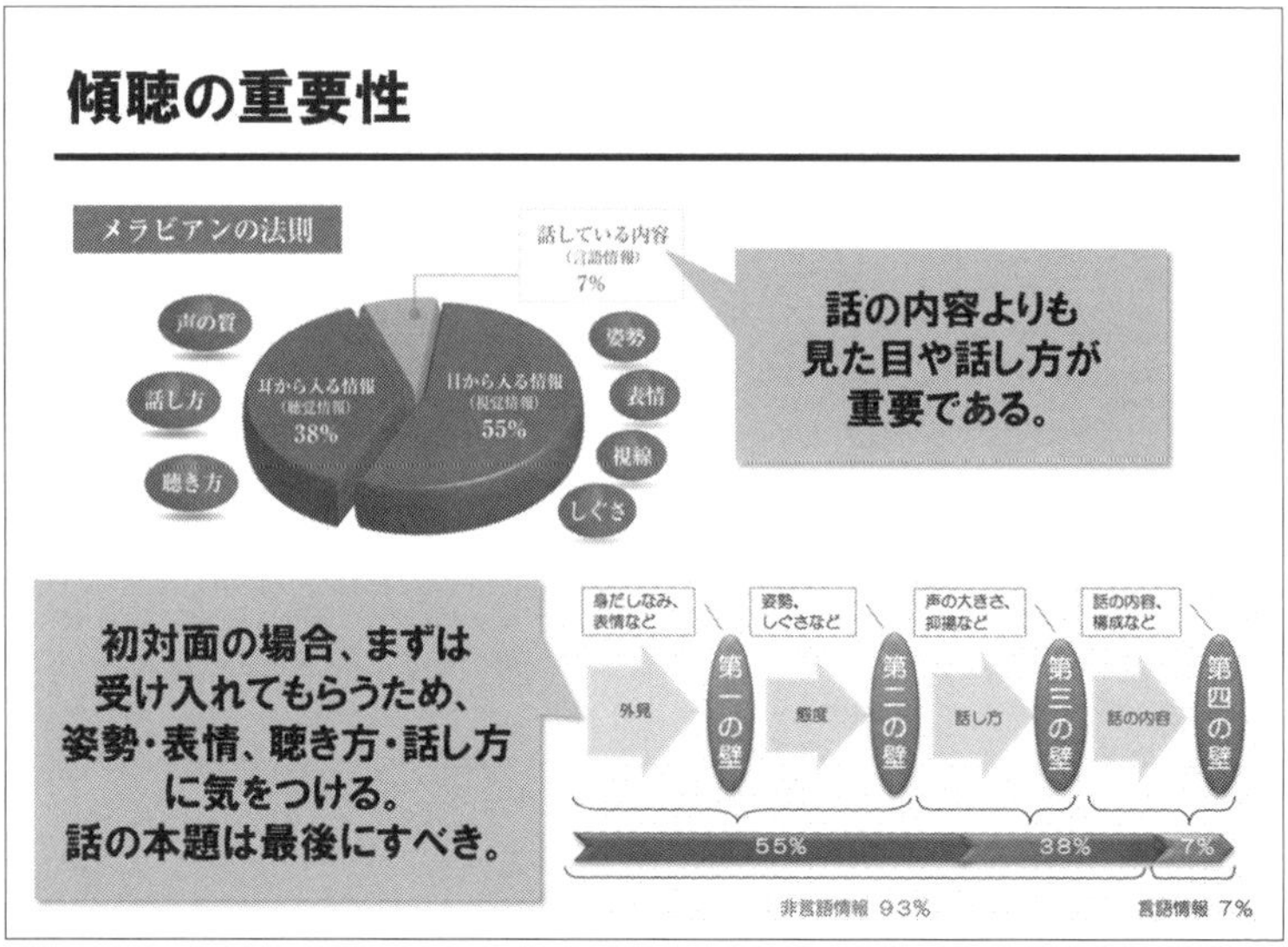

メラビアンの法則

語情報を使ったコミュニケーションを「言語コミュニケーション」「バーバルコミュニケーション」ともいいます。

次に、聴覚情報とは、話し手の声のトーンや大きさ、話し方、口調、話すテンポなどを指します。

最後に、視覚情報とは、話し手の表情や目線、態度、仕草、見た目などを指します。身体言語（ボディーランゲージ）と呼ばれることもあります。この視覚情報と聴覚情報を使ったコミュニケーションを「非言語コミュニケーション」や「ノンバーバルコミュニケーション」といいます。

つまり、話の内容よりも、「傾聴」（姿勢、表情、視線、しぐさなどの視覚情報と、声の質、話し方、聴き方などの聴覚情報）が重要である、ということがわかります。と

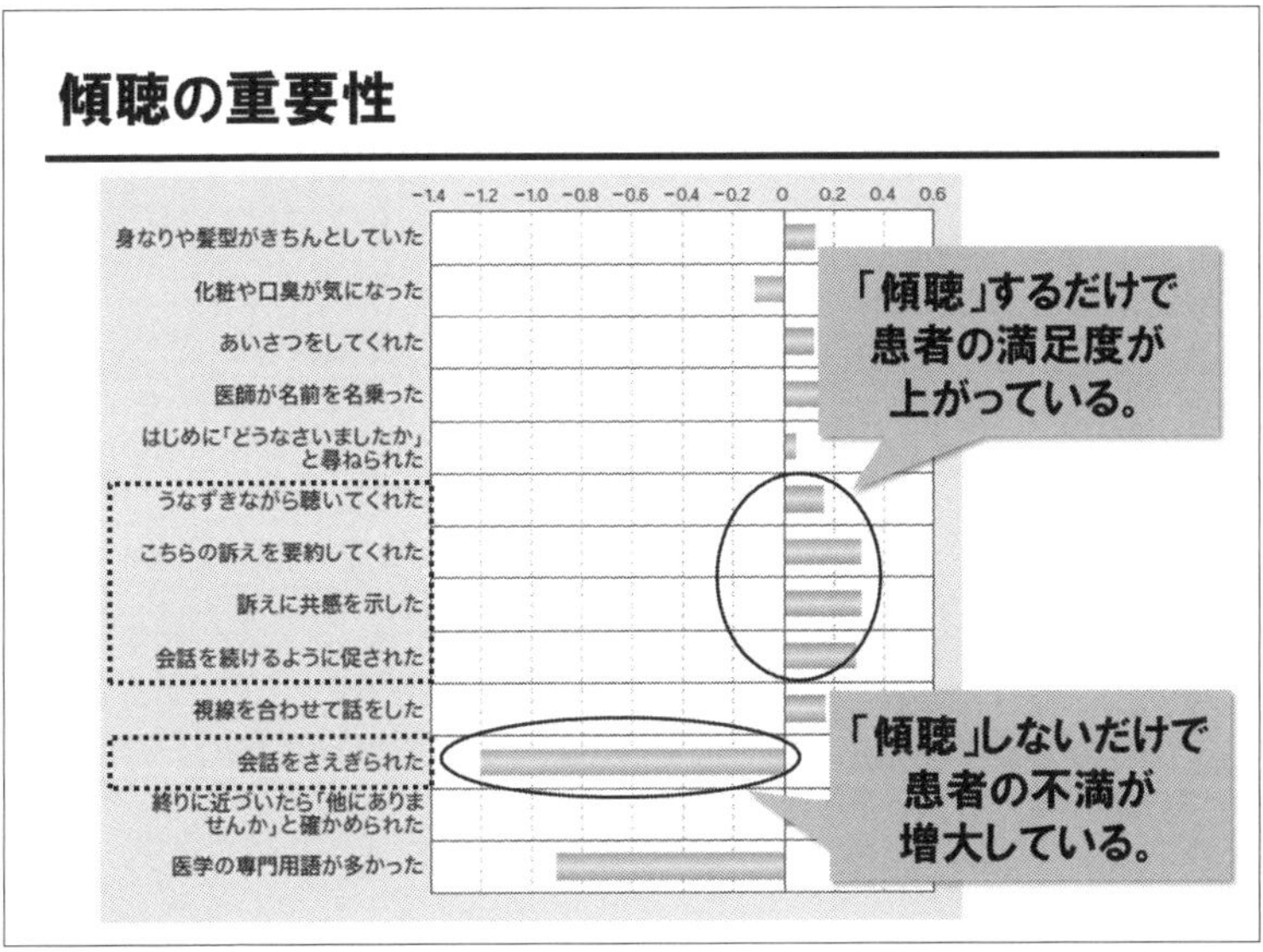

ある歯科医院のアンケート結果

くに初対面の場合は、まずは受け入れてもらうことに重きをおき、話の本題（最も伝えたいこと）は、最後に持っていくことが望ましいといえます。

　また、ある歯科医院の患者アンケートを見てみると、「うなずきながら聴いてくれた」「こちらの訴えを要約してくれた」「訴えに共感を示した」「会話を続けるように促された」というように、傾聴することによって満足度が上昇していることが分かります。

　その一方で、「会話をさえぎられた」だけ、つまり、傾聴しないだけで不満が増大していることがわかります。

　私の知っている歯科医院は、問診時に、しっかりと患者の顔を見て傾聴することを義務化していました。それによって、この歯科医院は「症状をしっかり聞いてから治療してくれる」というクチコミが広がり、次第に「患者の症状に合わせた治療をしてくれる」に変化しはじめ、いつの間にか、「最近できた歯医者さん、名医なんだってさ。患者の症状や状態によって治療を変えてくれるんだって。すごいよね」という内容に変わっていきました。

傾聴が売上増加に直結するという良い事例ですが、これがクチコミの良いところであり、怖いところでもあります。

どんなときでもAHPC

たとえ営業や接客が未経験だったとしても、初めて訪問する企業の担当者とお会いした直後に「ぜひ、ウチのサービスを導入しましょう。今ならキャンペーンにつき、初期費用が無料となります」なんて、いきなりクロージングをかける人は、ほとんどいないと思います。

コミュニケーションには、「正しい順序」があります。

上の図のとおり、初めてお会いした際には、当然、アプローチ（Approach）から入ります。名刺交換、自己紹介、必要に応じて、雑談などを交えることで、話しやすい環境を作ります。

メラビアンの法則を思い出していただけるとわかるとおり、最初に与える印象はとても大切

コミュニケーションの正しい順序

▼A：Approach（アプローチ）
⇒ご挨拶、自己紹介、アイスブレイクなど

▼H：Hearing（ヒアリング）
⇒相手のニーズや課題を聴き出す（5W1H）

▼P：Proposal（提案する）
⇒ニーズや課題に対して、商材や解決策を提案する

▼C：Closing（クロージング）
⇒相手の意思確認、意思決定を促す

コミュニケーションの正しい順序

です。ポイントとしては「笑顔で元気よく挨拶すること」です。それによって、「とても感じの良い人だなぁ」とか「なんか親しみやすそうだな」というように好印象を与えることができます。

次にヒアリング（Hearing）に移ります。ヒアリングの目的は、商談相手のニーズや抱えている課題などを把握して、次の提案につなげるための情報収集です。とにかく相手にたくさん話してもらうことが必要です。

そのためには「笑顔でハキハキ、オーバーリアクション」を心がけて、相手の話をしっかりと肯定し、同調します。そして話の内容に合わせて、笑ったり、つらそうな顔をしたりと、相手の感情に寄り添います。

このように、ヒアリングは「相手が気持ちよく話ができる環境を整える」ということがとても重要です。

ここで注意したいことがあります。ヒアリングをしろと言われたからといって、商談相手にたくさんの質問を投げかけないこと。たくさんの質問はヒアリングではなく〝尋問〟になってしまいます。そうならないように気をつけましょう。

すでにアプローチの時点で好印象を与えているので、このように、しっかりとヒアリングすることによって、「私の話をしっかり聞いてくれているなぁ」「なんか思ったより頼りになるなぁ」と、いつの間にか信頼されます。

たとえ、外見が若く頼りなく見えたとしても、人見知りだったとしても、口下手だったとしても、そんなことはまったく関係ありません。理想のヒアリングによって、最低限の会話だけで、相手から信頼を得ることが可能です。

継続して成果を出し続けることができる営業パーソンは、何よりこのヒアリング能力が優れているのです。

続いて提案（Proposal）に移ります。

もうすでに、理想のヒアリングによって商談相手から信頼を得られており、相手のニーズや課題も把握できていますので、あとは相手にとってプラスになるであろう情報、相手の悩みや組織課題の解決策、ヒントを与えるだけです。

それにより「私のことを理解してくれているんだな」「この人の言うことなら間違いないかもしれない」と、相手から好意を持たれます。

そしていよいよ、クロージング（Closing）に移ります。

ここまでの流れによって、すでに相手から好意を持たれている状態です。「この人の言うことなら聞いてみよう」「この人なら課題を解決してくれるだろう」「この人の勧める商品なら間違いない」という気持ちになっているので、クロージングに時間をかける必要はありません。クロージングの目的は相手の意思決定を促す、または意思確認のための作業ですので、シンプルに「いかがですか？」の一言で十分です。

売りたいという気持ちから焦ってしまい、クロージングに力を入れすぎると、「押し売り感」が出てしまう恐れがあります。そうなった瞬間に相手は引いてしまいます。気が弱い相手の場合は、断り切れずに契約になる可能性もありますが、あとからキャンセルの依頼がきてしまったり、解約したいがために、クレームとなってしまったり、売上どころか、余計な手間だけがかかってしまいます。

コミュニケーションの理想の割合

商談がスムーズに進み受注となる時は、意識せずとも、Hが7割、Pが2割、Cが1割というような理想の割合になっていることがほとんどです。

その一方で、好ましい結果にならない時の多くの原因が「ヒアリング不足」です。

ヒアリングが不足してしまうと、商談相手の気持ちは高まりません。そうなると相手が提供してくれる情報量は少なくなってしまいます。相手の情報量が少なければ当然、ニーズや課題を正確に把握することが難しくなります。

ニーズや課題が正確に把握できなければ、「提案」にズレが生じる可能性が高まります。提案がズレることにより、商談相手に対して「ウチには合わないな」とか「この営業さん、ちゃんと人の話聞いていたのかな」というようなマイナスの印象を与えてしまいます。

その結果、「良い商品だと思うのですが、ウチには合わないかもしれません」とか「社内で検討しておきますね」という、お断りの言葉が返ってきてしまいます。

こうなると、いかに優れた商品やサービスであったとしても、受注することは難しくなってしまいます。

上司の部下に対する対応も同様です。

前章でも書きましたが、これからの管理職者はリーダーシップが必要不可欠です。自分の組織を引き上げるためには、チーム内の信頼関係が重要です。部下一人ひとりの長所短所を理解し、部下の性格や特徴に合わせた指導が必要になってきます。

数字目標を達成できていない部下がいるとしたら、何が原因なのか、それを改善するためには具体的にどうすべきか。言葉で伝わらないのであれば、やってみせる必要があります。そのためにも理想のコミュニケーションが重要です。

コミュニケーションの理想の割合

A	①ご挨拶（元気よく笑顔で）	
H	②笑顔でハキハキ！ ③オーバーリアクション ④相手に話をさせる（7～8割は相手） ⑤相手の話を肯定・同調する	7割
P	⑥相手のニーズに合う情報を与える	2割
C	⑦意思確認（いかがでしょう？）	1割

電話の場合は声のトーンを1.5段階
リアクションの度合いを2倍に上げる

コミュニケーションの理想の割合

ビジネスシーンだけではなく、プライベートも同様です。

たとえば、とても仲の良かった同級生と、偶然、街中でバッタリ会った時のことを想像してみてください。

おそらく「うわぁ、久しぶり！　元気？　何年ぶりだろ」というように、満面の笑顔で元気よくハキハキと話しかけます。

そして、「まだこのあたりに住んでるの？　仕事は順調？」というようにヒアリングを開始します。そして、「うんうんわかる。会社の飲み会とかマジで面倒だよねー」などのように、少しオーバーなリアクションをとりながら、相手の話を肯定、同調します。久々の再会なので、なかなか話は尽きません。

ひとしきり盛り上がったところで、「そういえばお好み焼き好きだったよね。コスパ良くておいしい店が近くにできたんだけどさ、今度一緒にいかない？」と相手の好みに合わせて提案をします。

そして「じゃあ、来週末に連絡するね。またねー」といって会話を締めくくります。

実はこのように、円滑にコミュニケーションがとれているときは、意識していなくても、理想の割合になっているのです。とくに難しいことはありません。基本的には誰でも簡単にできる「当たり前」のことばかりです。

重要なのは「知っている」ではなく「実行する」です。「当たり前のことを当たり前にやる」ことがとても重要です。


この本書をきっかけに、今までのコミュニケーション方法や、周囲の人との接し方を変えようと努力する人がいると思います。

もし、変えようと努力したことによって、もしそれを笑う人がいたとしたら、そんな人は放っておきましょう。変化しようと行動に移すことが何より大切です。変化しようと努力する人は必ず成長しますし、必ず良い結果がついてきます。

「喜怒哀楽の豊かな人」のトリセツ

自ら積極的に話しをするので、相手に同調しながら、多少大げさに反応するなど、喜怒哀楽を共にすると心を掴みやすくなります。楽しい雰囲気（ノリを重視。注目されたい。新しい、話題性のあることが好き）を好むので、最初から本題に入るのではなく、最近の世間話をいれるとプラスです。

感情で動くため、発言内容が直観的に変わる傾向があり、仕事の方針を前触れなく変えてしまうときもありますので、柔軟な対応が必要です。

ポイント！

- 世間話から入る
- 楽しい雰囲気をつくる
- 前置きや説明は短く（すぐあきる）
- 本人に花を持たせる
- その人自身を褒める
- 自尊心をくすぐる
- 気合を見せる
- 結論を短く（論理的でなくても可）
- 華やかな企画なら多少のリスクも○
- ねばりは有効

■鼎談■
これからの時代にＡＩをどう活用すべきか

出席者
　飯田弘之氏（北陸先端科学技術大学院大学 教授）
　大村亮介（株式会社アールオージャパン 代表取締役）
〈司会・進行〉
　前野茂雄
　（日本地域社会研究所 企画・営業統括本部長、
　NPO 法人頭脳スポーツ財団理事長）

私はこの本で、ＡＩの進化によって、社会にどのような変化が起きるか、その中で活躍するためには、どのように考え行動すべきか、そのために必要なコミュニケーションスキルについて論じました。

今、ＡＩの技術はどこまで進歩しているのでしょうか。急速な進化がもたらす問題点や今後の課題にはどのようなことがあるのか。飯田弘之氏をお招きして、そうしたことについてお話をうかがいました。

飯田弘之氏

北陸先端科学技術大学院大学教授。専門はゲーム情報学、人工知能。１９６２年、山形県生。幼少時、父の影響で将棋を覚え、13歳で奨励会に入会。その後、上智大学理工学部数学科入学。在学中に四段昇段し、将棋のプロとなる。

１９８７年度、羽生善治と対戦した頃から将棋とコンピュータの関係に興味を持ち、翌年から東京農工大学にてコンピュータ将棋の研究を始める。２００５年、北陸先端科学技術大学院大学教授に就任。ゲーム情報学を専門に、「ゲーム場における知の力学」「ゲームと人工知能」「名人の心理」などの研究課題に取り組んでいる。

◆ＡＩも格差社会になってきている

前野　ゲーム情報学がご専門の飯田先生からみて、最近のＡＩを取り巻く環境はどのように変化していると感じていらっしゃいますか。

飯田　私たちの研究しているゲームにおいては、今までは研究開発したあと、世の中で活用されるようになるまでに10年から20年の時差がありました。ところが最近では、その時差がなくなってきました。たとえば、アルファ碁のような技術は社会でそのまま使えてしまいます。

今まではプログラム上、勝ち方を教えなければならなかったのですが、今ではそのような手間はなくなりました。ルールさえ教えれば勝手に強くなってしまうのです。

今のＡＩは、ＡＩ＝ディープランニング。機械学習みたいなものです。その学習にはいろいろな方法があるのですが、結局は、機械に「教える」作業を、何度も何度も繰り返し、たくさん行なわなければならないのです。その作業を短時間にたくさん行なおうとすれば、計算コストが必要になります。つまり、リソース（パソコンなどのマシン）が必要になります。

たとえば、安いリソースを使用すると1年かかる場合があります。ところが、たくさんの資源を投入して高いリソースを使用すると、たった1時間ほどに短縮することができます。それがアルファ碁みたいなものです。世界中のスペックの高いリソースを使っているわけです。

そのリソースを使用して、1か月ほど学習したものは人間ではとても及ばないレベルの、パーフェクトなブレインになりますが、同じ時間をかけても、リソースが足らなければ、その能力は、100分の1、1000分の1にも至らないわけですよ。学習にかかる時間が、計算リソースにそのまま反映してくるわけです。

大村　なるほど。だからどうしたって貧富の差が出てくるわけですね。

飯田　はいそうです。たとえやり方を知っていても、大学にはそのようなリソースがないため、アルファ碁のようなものはできません。それと同様のことが、それぞれの分野で起きていると考えられます。

◆「知る化」によって起こるＡＩのＯＳ化

前野　私たちが身近に感じるところで、すでに「最先端のＡＩ」が応用されている例はあるのでしょうか?

飯田　何か月か前に、保険の販売業務は、これからは人間ではなく、インターネット経由でＡＩが対応するようになる、という話を聞きました。まだメディアでは話題になっていないようですが。いろいろ学習させていくのだと思いますが、これも同様に、機械の性能によって大きな差が生まれるのではないでしょうか。

大村　保険はもうＡＩが売る時代になるのですね。それは商品のパターンがある程度決まっているから可能なのでしょうか？

飯田　そうでしょうね。ある程度フレームワークが定義されていないとダメでしょうね。相手に合わせて、今までにはない新たなものを提案する、というのは、まだＡＩには難しいかもしれません。しかし、そのようなことを実行できるようプログラムを作って、ＡＩに学習させることによって、人間には到底及ばないレベルの販売プログラムを作ることは十分に可能だと思います。

大村　そういう意味では人間が入る余地はなくなる可能性もありますね。

飯田　はい。とくに、金融関係のように「お金」として、結果がハッキリと出てくるような業種は、これからは人間の力に頼るより、ＡＩに任せたほうが確実かもしれません。

大村　業界によっては、ほぼＡＩに任せてしまったほうがよい、というように、どんどん変化していくのですね。

飯田　はい。そういうことです。資金力があり、十分に投資ができる企業は、そちらにシフトしています。そういう企業は、現在、ＡＩ関係を操れる、十分に活用できる人材を欲しがっています。やはりＡＩをどう駆使するかが重要ですので、実装できる人がいないとダメです。

大村　これからはＡＩに明るい人材の争奪戦ですね。

飯田　はい。でも一方では、「ＡＩを知る化する」ということが、実はとても重要です。

大村　「ＡＩを知る化する」とはどのようなことですか？

飯田　たとえば、ほとんどの人はWindowsがどのような仕組みでできているか、なんてわからないと思いますが、誰でもWindows上で好き勝手に仕事ができるようになっていますよね。これが「知る化」です。本来であればWindowsの中身がわからないと何もできないはずですが、しかし、「知る化」することによって誰でも扱えるようになります。

　このように、ＡＩも「知る化」が進んでいて、WindowsのようにＯＳ化していく流れになっています。さまざまなベンチャー企業が集まって、ＡＩのＯＳ化に取り組んでいるようですよ。

前野　Windowsを世に出したビル・ゲイツは約20年間、アメリカでトップレベルのお金を稼ぎましたが、ＡＩを知る化できた企業は、大きな収益を上げることになりそうですね。

◆ＡＩと人間の大きな違いは「心地よさ」

飯田　ＡＩは、ある目的関数があると、それを達成させるために、何かを最適化しよう、最大化しようとするのが得意です。逆に言うとそれしかできないんです。

その一方で、人間は最適化を目指すけれども、それを毛嫌いする傾向があります。それは、最適化をするためには何かしらを傷つけてしまう、それでは本当の意味での最適化ではない、ということを承知しているからだと思います。

お互いがＷＩＮＷＩＮになるように、負け組を作らないように、うまくバランスを取ろうとするところが人間らしさであり、私はそれを「心地よさ」といっています。

大村　その「心地よさ」とは、具体的にはどのようなものなのでしょうか。

飯田　「心地よさ」は、車の乗り心地と同じようなものです。車の乗り心地は、国際標準で加速度や加加速度《かかそくど》（ジャーク）の値が決まっていますが、遊びにおける「心地よさ」も同様に最適な値があります。

マインドスポーツなどのゲームにおいて、思考（心の中）の世界での加速度の値が、ある一定の値を取らないと、人はそのゲームを心地よいと思いません。

１０００年、２０００年という長い期間で生き残っているゲームは、まさにその値なのです。将棋、囲碁、チェスなどが典型的な例です。僕の言葉でいうと「情報化速度」がよい値になっています。

このように人間は「心地よさ」の最適化（快適化）を行なっておりますが、ＡＩは、与えられた「ゲームに勝つ」という目的関数だけを取って最適化・最大化して勝利しているだけ、ということになります。

ビジネスにおいても同様に、「心地よさ」をプラスアルファして、どのようにバランスを取っていくかが重要だと考えています。

クオリティーの高いＡＩを使って他の企業に打ち勝つ、勝ち組に入る、ということだけではなく、「どうすることが大勢にとって良いことなのか」という「心地よさ」に配慮することも重要だといえます。

そのような事が大村さんが第二章で述べている、ＡＩ時代に勝ち残る人の条件、失業する業種につながるのだと思います。

◆ＡＩがを取り巻く問題点のキーワードは「公平性」

前野　現時点でＡＩの問題点というのはあるのでしょうか。

飯田　ひとつの氷山の一角が現われたのが、将棋界で起こった三浦九段の事件でしょうね。彼は将棋界の若手のホープの一人で、名人戦とか竜王戦とかでトップを狙えるような位置にいる人で、対局中に、体調管理のためか、よく席を離れて横になったりして休憩することが、しばしばあります。

大村　将棋の対局は、相当長い時間かかりますもんね。他にも別室に行って休む棋士もいらっしゃると聞いたことがあります。

飯田　はい。それが今回、大きな問題につながりました。彼が席を外した際、コンピューターにアクセスしてヒントを得たのではないか、という嫌疑をかけられたのです。

それがちょうど、竜王戦（最も位の高いタイトル戦）の数日前だったこともあり、将棋連盟の理事会は対応に追われて、慌ててしまったのですよ。

もし、それが事実だとしたら、何らかの処分を下さなければなりませんし、挑戦者も新たに探さなければなりませんからね。それで、結果的に連盟は停止処分にしてしまったのですが、あとから調査委員会を開いて、いろいろ調査した結果、実は潔白だったことがわかりました。

大村 これからも同じような問題が起こりうる、ということでしょうか。

飯田 はい。しかし私の問題意識はその上にあると思っています。人間がコンピューターの使用を禁止するということは、本来はあり得ない姿だと思っています。

将棋のプロの世界で、公平性を担保するためにＡＩを切り分けるということは、一時的な措置であり仕方がないと思います。しかし一般的に考えるのであれば、ＡＩを使用することによって、クオリティーの高いパフォーマンスを発揮して、それを皆で共有するということが本来のあるべき姿だと思うのです。

本当に何が問題なのかというと、今まで人間のレベルであれば、公平性が担保されていて、非常に心地よい、居心地の良い業界でした。しかし、パーフェクトに近いＡＩが出てきた瞬間に、実は公平性も何もない、先手必勝のゲームだということになってしまったのです。

人間同士で対戦していたときは、先手と後手の勝率がそれぞれ50％だったのが、ＡＩを使用してレベルの高い対戦をした途端に、先手が90％以上の確率で勝つゲームになってしまったのです。このように、ゲーム業界においては、ＡＩを活用してよいというルールにした途端に公平性が失われることになりました。私は、早急にこれに対する解決策を考えるべきだと思っています。

一般社会においても、ビジネスにしても、ＡＩが人間をサポートし始めた瞬間に不公平さが露わになってしまいます。これをどのように解決すべきか、ということが、これからの大きなテーマだと思っています。

１９４０年代に日本人が発明したといわれている囲碁は「コミ」のルールで統計的に公平性を保っています。先手がどのくらい有利なのかを「コミ」にして、後手にハンデとしてあげれば、統計的に必ず勝率はそれぞれ50％となるわけです。これはとても賢いアイディアだと思います。

で、これを社会で実装したのが税金ですよ。税金の負担をどうやって公平性を担保するかってことです。税金は、所得に応じて税金の負担額も変化します。

今後はＡＩを使って、税金の仕組みを改善することによって、より公平性が保たれるよう議論が必要だと思います。まぁ、これは政治家に任せればよい話ですけどね。

◆名人は危うきところに遊ぶ

飯田　みなさんゲームをする際、形勢が優勢になったり、不利になったりすると思います。優勢ばかりの時間が続くと最初は楽しいですが、スグに飽きてしまうと思います。つまりゲーム性がないといえるわけです。

その一方で、同点スコアのとき、形勢不明のとき、拮抗した状態のときなどが、ゲーム全体に対して、ある程度の割合があるとゲームにスリル感が出てきます。私はそれをGR（ゲームリファイメントの値）と名づけました。

実はこれが加速度に相当します。そしてさらに計算をすると、0．07～0．08の値になるときに、人は「心地よい」と感じるということがわかりました。

大村　松尾芭蕉の言葉に「名人危所に遊ぶ」というのがありますが、名人は、相手が弱ければスグに勝つこともできますが、わざと危険を冒して自らスリルを味わいゲームを楽しむ。つまり、自らGRの値を0．07～0．08にして「心地よさ」を味わっているということになるのでしょうか。

飯田　はい、その通りです。ゲームの歴史を調べると、100年以上生き残っているゲームはすべてその値になっていますし、その値になるようにルールが変化してきています。私はこれを「ゲーム1000年の理論」と名づけました。これを一般的にいうと「心地よさを科学する」ということになります。

これはゲームだけではなく、バスケ、バトミントン、卓球、バレーボールなどスポーツにも同じことがいえます。たとえば、卓球は21点を3セット取れば勝ちというルールと、11点を5セット取れば勝ちというルールがありましたが、今は11点を5セットというルールに落ち着いています。どちらのルールが良いかという議論がありますが、私の理論からすると11点のほうがよいのです。実際に計算をすると、21点のルールはＧＲの値が０．０６代ですが、11点のルールは０．０７代なのです。

バレーボールも同様に、ひと昔前のルールではサーブ権というものがありましたが、今ではなくなりました。ＧＲの値をみると、まだ若干低い値なので、さらにルールが変化する可能性があると思います。

大村　なるほど、ゲームも時代やニーズに合わせて、常に変化しているのですね。そして変化し続けることで生き残り、結果的に、長い間多くの人に親しまれているのですね。

飯田　はい。私は、大村さんの今までの経験とこの理論を合わせることによって、人材育成のあり方、営業や販売活動においての黄金比率など、実際のビジネスに役立てることができれば、非常におもしろいと思っています。

大村　そうですね、ゲームやスポーツだけではなく、実際のビジネスシーンにおいても、この理論を基にすることで、いろいろと役立てることができそうです。

前野　飯田先生、大村さん、本日はどうもありがとうございました。

おわりに

私は次の誕生日でちょうど、40歳になります。自分の半生を今振り返ってみると、20歳で就職したベンチャー時代に積み上げた経験があるからこそ、今の自分があるのだと思います。あの経験がなければ、独立起業など考えもしなかったでしょう。ジョイントベンチャーの立ち上げ、出向先での営業活動、上場企業の新設新事業部の拡大など、様々な環境で結果を出すことはできなかったでしょうし、そうであれば、当然、この本を書くことすらなかったと思います。

私は昔から要領が悪く、自分に非常に甘い性格でした。それに加えプライドが高く、自分が認めた人以外の意見や指摘に対しては、聞く耳すら持ちませんでした。そのため、社会に出てからは苦労の連続でした。周りからすると「口だけの格好悪いヤツ」だったかもしれません。決して、お世辞でも優秀なビジネスマンといえるようなレベルではなかったと思います。ベンチャー企業時代には、自分より後に入社した後輩や新卒社員に、どんどん追い抜かれていきました。一部の上司にも嫌われましたし、それによってたくさん悔しい思いをしました。

そこでの大きな気づきは「変化すること」と「コミュニケーションの大切さ」の2つでした。人は成長のためには変化しないといけません。もちろん自分の信念を曲げる必要はありませんが、所属する組織や、時代の流れや変化に合わせて、自分の考え方・行動、スキルや能力を向上させるなど、常に変化、成長する必要があります。

そして、ともに働く人たちの性格、価値観、考え方に合わせて、最適なコミュニケーション方法を選択することによって、自分を取り巻く環境は大きく変化します。

すべての結果は自分にあります。楽しいのも、悔しいのも、つまらないのも、すべて自分の考え方・行動によるものです。もし今、つまらないのであれば、楽しくなるように自分自身の考え方・行動を変化させなくてはなりません。楽しいのであれば、自分を取り巻く人たちにも、ぜひ、その楽しさを共有してあげてください。

決して優秀ではなかった私が変化できたのですから、誰にだってできると思います。

これからも私は、「ＥＣＭ」トレーニングを通じて、これからの「変化の激しい社会」でも活躍のできる、優秀な人材を育成することのできる、そして、一緒にいるだけで楽しく充実した生活を送ることができる、コミュニケーション力の高い「心の豊かな人」を増やしていきます。

本書を執筆するにあたり、北陸先端科学技術大学院大学先端科学技術研究科・飯田弘之教授、特定非営利活動法人頭脳スポーツ財団・前野茂雄理事長、有限会社サポートウェア・袴田直樹社長、株式会社日本地域社会研究所の皆さんにお世話になりました。最後になりましたが、この場を借りて御礼申し上げます。

特に飯田先生は、本書の対談にもご登場くださり、誠にありがとうございました。

２０１９年12月

大村亮介

付録

コミュニケーションスタイル診断

コミュニケーションのスタイルには、大きく分けて４つのスタイルがあります。これは、もともと持って生まれたものではありますが、職種や職場の環境、職位や役割によっても変化します。

まずは今の自分のスタイルが何なのか？を把握しましょう。

各タイプの特徴や対応方法も記載してあります。
たとえ苦手なタイプが相手だったとしても、「どのように接すればよいか」が分かれば、人間関係の構築もスムーズになるでしょうし、部下や上司との面談もしやすくなると思います。
初対面のコミュニケーションでも自信を持って対応できると思いますので、ぜひ、営業や接客にも役立てて頂きたいと思います。

診断にご興味がある方は、以下のＱＲコードより診断してください。

■参考文献■

・『「AI失業」前夜　これから5年、職場で起こること』
　鈴木貴博著　PHPビジネス新書　2018年
・『シンギュラリティ・ビジネス　AI時代に勝ち残る企業と人の条件』
　齋藤和紀　幻冬舎新書　2017年

編著者紹介

大村 亮介（おおむら りょうすけ）

1980年2月29日、埼玉県生まれ。2000年に入社したIT企業で新規営業に従事し、ジャスダック上場に貢献。2008年に株式会社アールオージャパンを設立し、国内企業の人材育成に携わる。

AI新時代《しんじだい》を生《い》き抜《ぬ》くコミュニケーション術《じゅつ》

誰《だれ》でもわかる！ エッセンシャル・コミュニケーション・メソッド

2019年12月28日　第1刷発行

編著者　大村亮介《おおむらりょうすけ》

編　集　前野茂雄

発行者　落合英秋

発行所　株式会社 日本地域社会研究所

〒167-0043　東京都杉並区上荻1-25-1

TEL（03）5397-1231（代表）

FAX（03）5397-1237

メールアドレス tps@n-chiken.com

ホームページ http://www.n-chiken.com

郵便振替口座 00150-1-41143

印刷所　中央精版印刷株式会社

ISBN978-4-89022-253-7